歴史の偽造をただす

中塚明 著

戦史から消された日本軍の「朝鮮王宮占領」

高文研

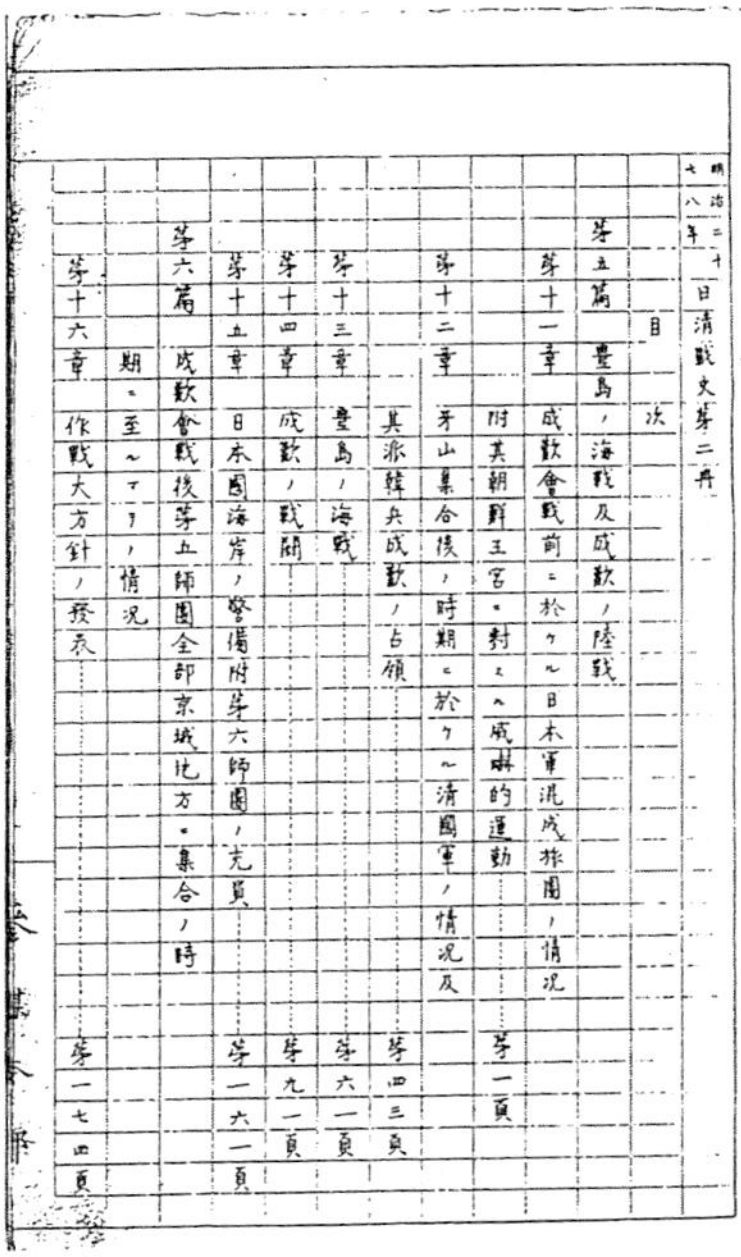
明治二十七八年日清戦史第二冊

目次

福島県立図書館「佐藤文庫」所蔵

明治二十七八年日清戦史第二冊決定草案

自第十一章
至第二十四章

〈右〉表紙 〈上〉第一ページ

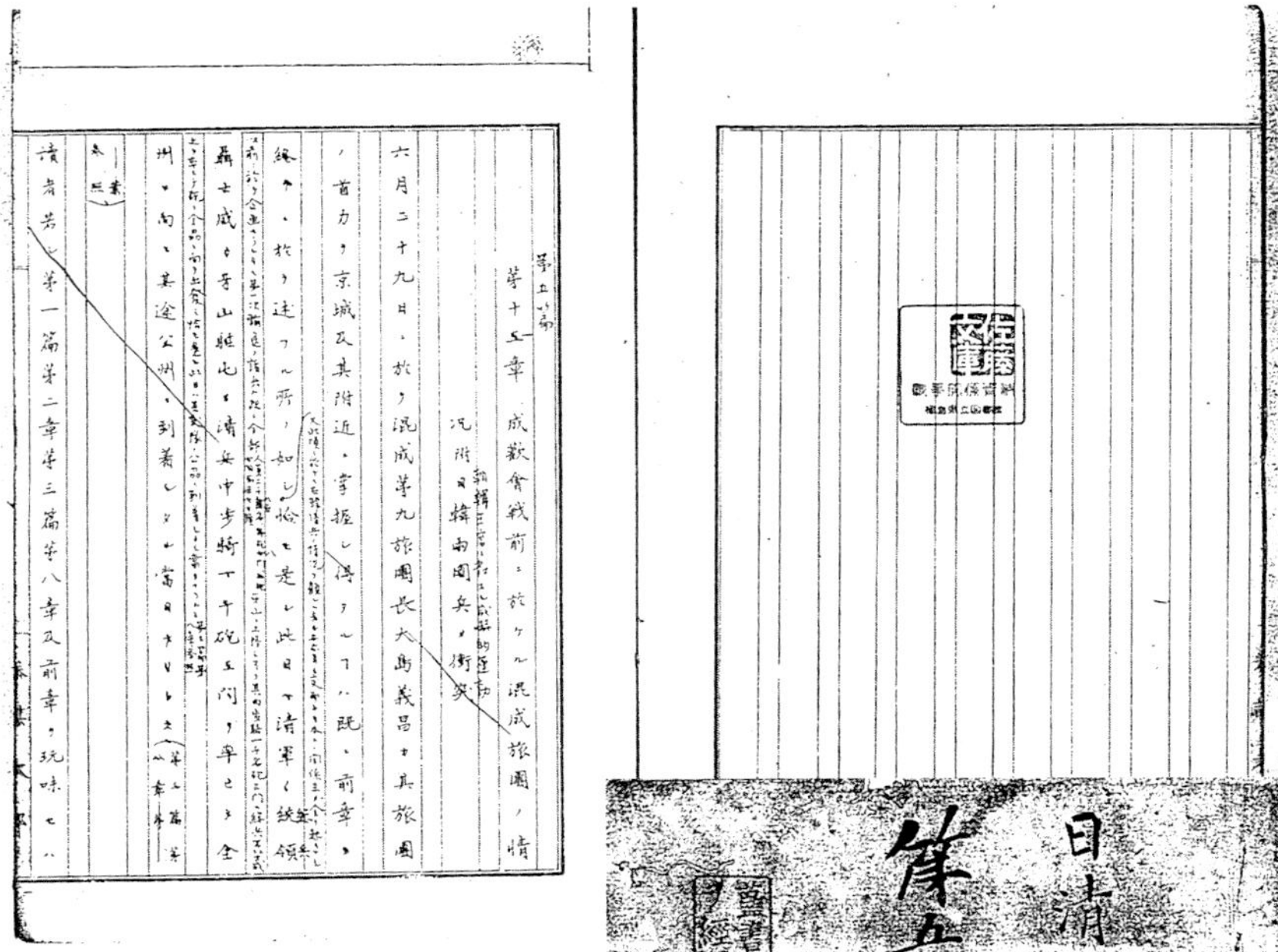

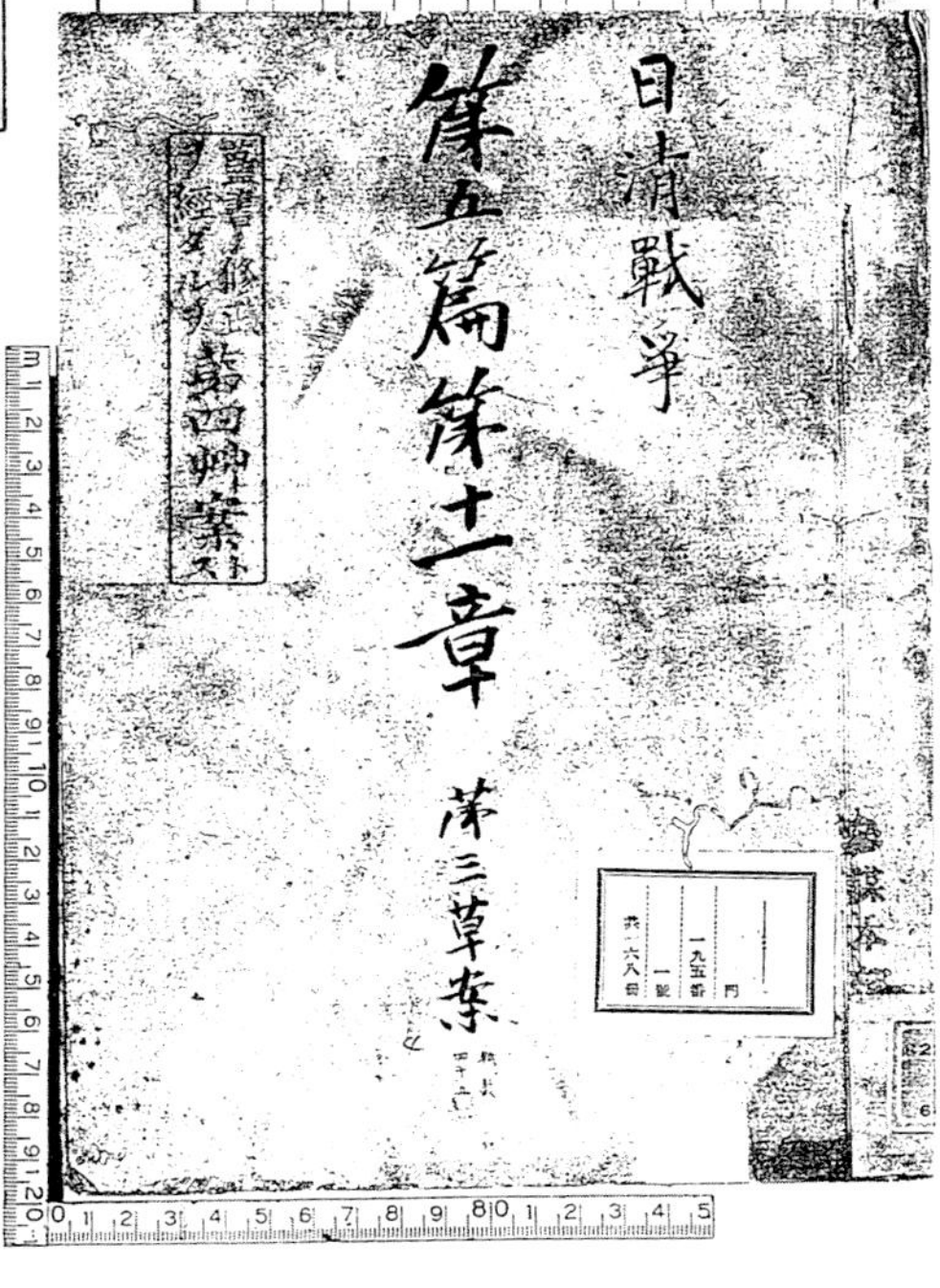

『第五篇第十一章　第三草案』
〈右〉表紙（「藍書ノ修正ヲ経タルヲ第四草案トス」という印が押されている）
〈上〉第一ページ

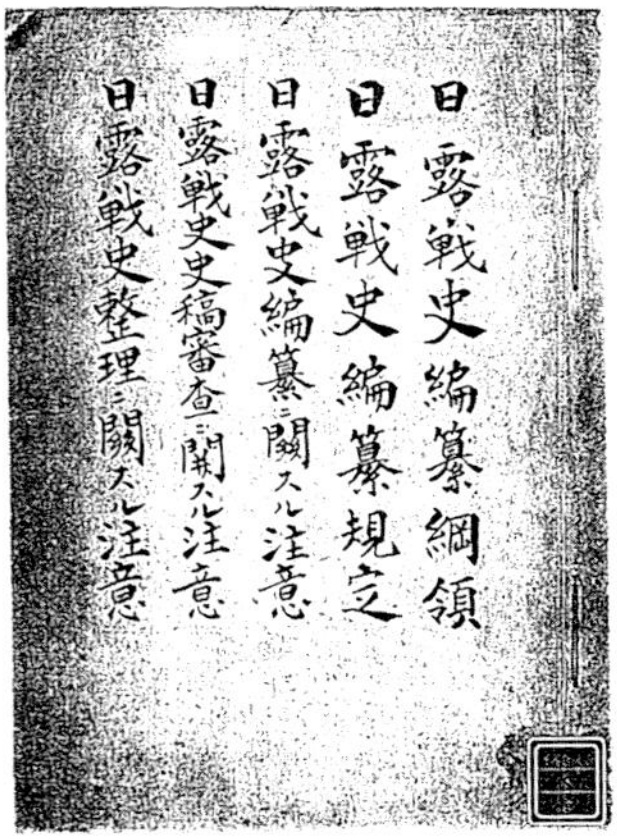

『日露戦史編纂綱領』他の表紙

王宮・景福宮の門 (1997年10月――福井理文撮影)

光化門

◆かつてはこの門のすぐ後ろに日本統治時代の朝鮮総督府の建物が王宮を圧するように建っていたが，「光復50年」を迎えた1995年８月15日に撤去工事が開始され，いまは姿を消した．そのため後方にそびえる白岳（ペガク．標高342m）が望めるようになった．

景福宮の側から見た光化門

建 春 門

迎 秋 門

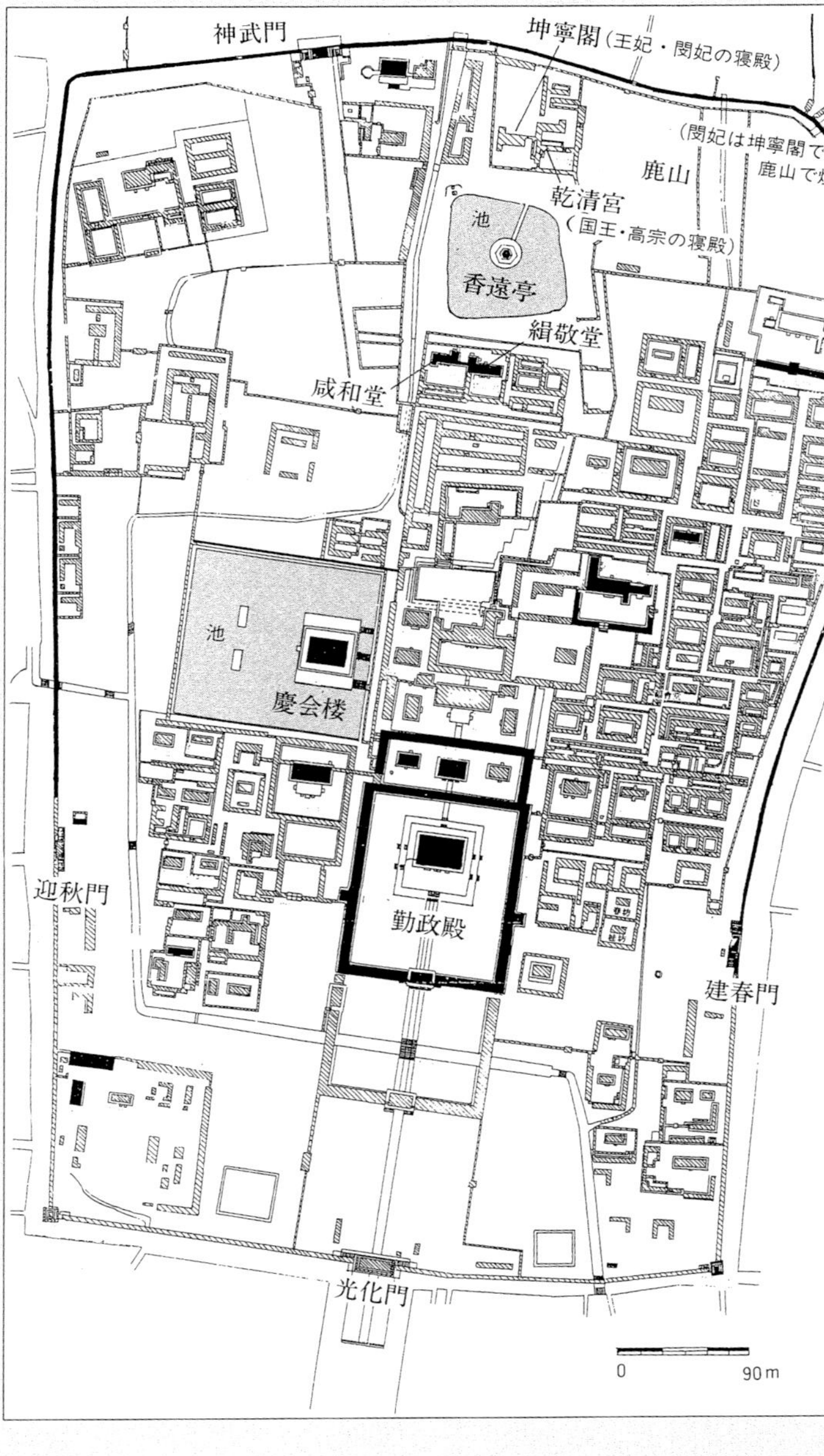

景福宮・配置図

（『ソウル特別市史　古蹟篇』所収の図より作成）

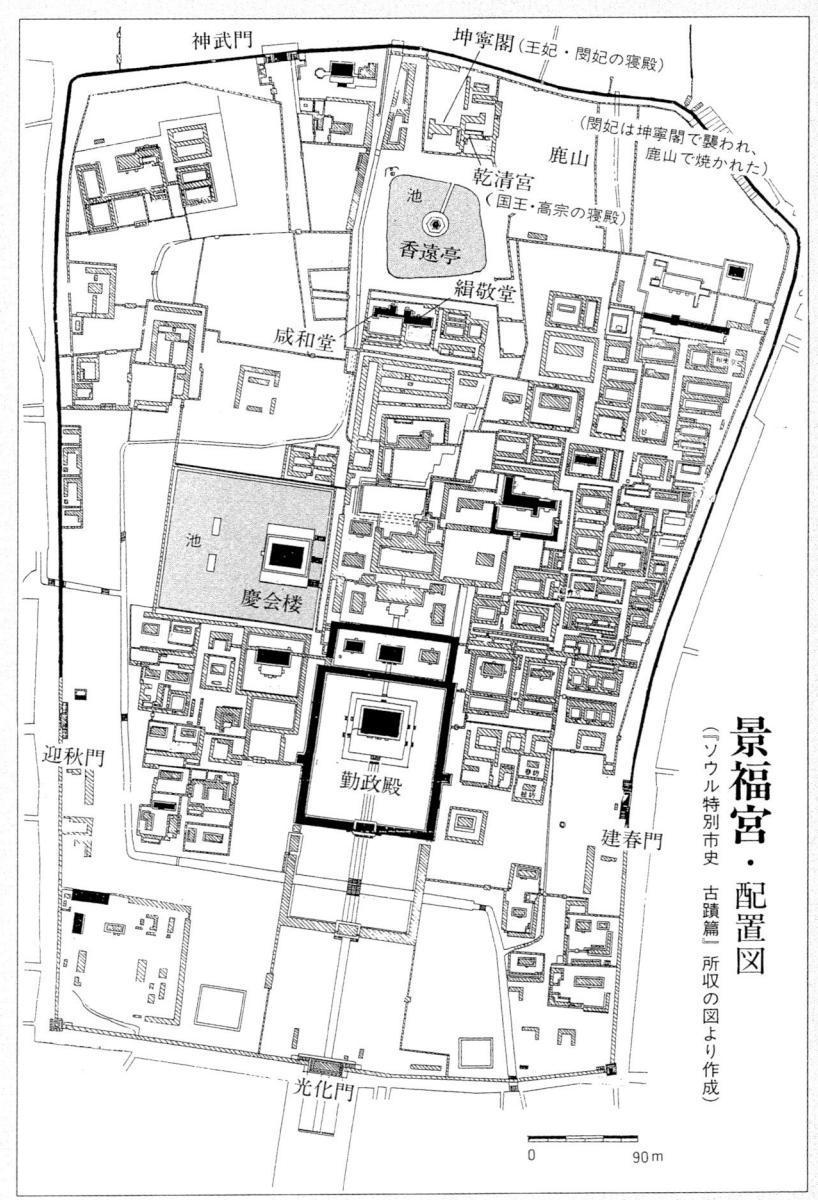

往時のソウル(漢城)概略図

(藤島亥治郎『韓の建築文化』芸艸堂、1976年より)

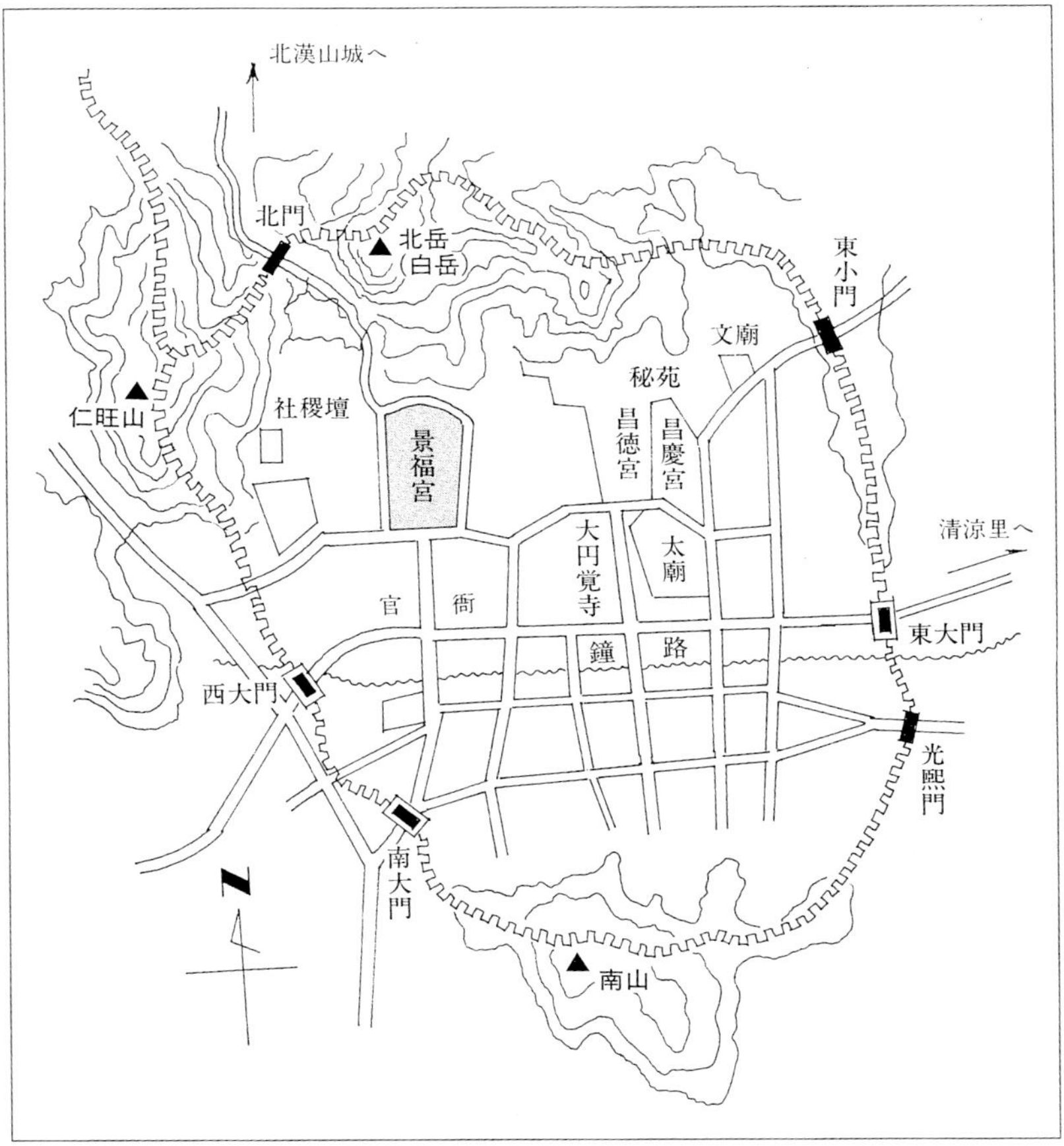

はじめに

三年前の一九九四年は日清戦争が始まってからちょうど百年目の年であった。二〇〇〇年は中国の義和団の蜂起と日本をはじめ八カ国の列強軍隊がそれを鎮圧した義和団鎮圧戦争(日本では北清事変と呼ばれている)から百年目、そして二〇〇四年は日露戦争開始から百年目に当たる。

日本の学校教育では、日清・日露戦争とそれに続く「韓国併合」の時期、明治の後半期は、現在でも「日本の国際的地位が向上した」時期と一貫して教えられている。日本はこの時期、わずか十年余の間に三度の戦争を行ない、東洋の小国から世界の帝国主義列強の一つに台頭したのであるから、「国際的地位が向上した」のは事実である。

しかし、日清戦争からちょうど五十年目、日露戦争から四十年目の一九四五年には、日本は第二次世界大戦で敗北、降伏した。「国際的地位が向上した」はずの日本がわずか半世紀もたたないうちになぜ敗北したのか。なぜアジア諸国および太平洋上の島々で二〇〇〇万人を超える人びとの命を奪い、日本人にも三一〇万人という犠牲を出す史上空前の悲劇を演じた後、惨たんたる敗戦を迎えなければならなかったのか。

いま「国民的作家」としてひときわその名が高い司馬遼太郎をはじめ、日清・日露戦争までの日本は指導者もしっかりしていて国を誤らなかったのに、満州事変以後、太平洋戦争の時期には、指導者の能力は極端に落ちて、無能な指導者によって敗戦の憂き目を見たのだと、考えている人が大勢いる。太平洋戦争における破たんは「明治の遺産」ではなく、「良き時代であった明治」への「背信」の結果であったと考えているのである。

はたしてそうなのか、こうした歴史の見方は当を得ているのか、読者とともに考えてみることが本書の目的である。

私は、日清戦争開始から百年目の一九九四年春、福島県立図書館「佐藤文庫」で、日清戦争の開始にかかわる珍しい記録を発見した。「佐藤文庫」というのは福島県郡山市の実業家、佐藤傳吉（一八八七〜一九六七）が集めた軍事・戦争関係の膨大な書籍・史料・写真などの文庫である。そこに旧日本陸軍の参謀本部で書かれた『日清戦史』の草案の一部が所蔵されている。その中から日清戦争の一番最初に行なわれた日本軍の武力行使である朝鮮の王宮、ソウルの景福宮《キョンボックン》占領の詳細な記録を発見したのである。

私を驚かせたのは『日清戦史』草案のこの記録が、同じく参謀本部が公刊した日清戦争の戦史、『明治廿七八年日清戦史』（第一巻は一九〇四年刊行）の記述と、似ても似つかない詳細な記録であったことである。つまり《公刊戦史》の記述は、ただ簡単であるばかりでなく、まったくウソの「作り話」に変わっていたことが、この草案からわかったのである。

朝鮮王宮占領の事実が、参謀本部の手によっていったんは詳細に書かれながら、その同じ参謀本部によってウソの「作り話」に書き変えられたのである。日本陸軍の参謀本部という公権力によって「歴史の偽造」が行なわれていたことが、ほかならぬ参謀本部の記録で立証されたのである。

しかもこの朝鮮王宮占領のてん末は、その実行のはじめから内外に決して知れわたってはならないと、朝鮮駐在の日本公使館（今で言えば日本大使館）はもとより外務省をはじめ日本政府が固く決意していたのである。ひとり日本陸軍だけが「歴史を偽造」したのではない。日本政府・軍一体のもとで行なわれた「歴史の偽造」であった。

そしてこの「偽造された歴史」が、正されることなく、第二次世界大戦前はもちろんのこと、現在まで生き続けてきたのである。しかも、この「歴史の偽造」は決して一時の思いつきで行なわれたのではなく、系統的に一貫して行なわれてきたことがその後の調査で判明した。

こうした「歴史の偽造」、そしてそれに基づく新聞・雑誌、学校教育を通しての国民世論の操作、誤った歴史認識の広がりは、わずか半世紀の後に迎える惨たんたる敗戦と無関係なのだろうか。私は大いに関係があると思っている。

いまちまたでは、「従軍慰安婦」問題をはじめ日本の侵略戦争の事実を認めることがあたかも日本国民の誇りを失わせるものである、「自虐史観」であるという藤岡信勝東京大学教授らの主張が、言論を通してのみならず、ときには脅迫もともなってかまびすしい。百数十人もの国会議員がこれをバックアップしている。

第二次世界大戦後、半世紀を経て、日本にひときわ騒々しいこうした動きは、何を日本国民にもたらすのか。日本人、とりわけこれからの日本を担う若い人たちは、よくよく考えていただきたいと思う。

すべての権力は過去を自己正当化のために利用しようとする。しばしば正当化に不都合な過去を抑圧し好都合な過去を文脈から切り離して誇張し、歴史を虚構に変えることも辞さない。権力による過去の裁断にたいして歴史はいかなる態度をとるべきか。権力の正当化に奉仕することもひとつのありかたかもしれない。事実これまで歴史家は自らの意志によりあるいは強制されて「史官」の役割を演じた。しかし学問としての歴史にふさわしい貢献は、政治的正当化のために歪曲された真実を復元し、進んで権力の歴史的正当性を問い、権力を超える洞察を未来に投げかけることによって、権力から自立した歴史感覚と批判精神とが社会に根づくのに力をかすことであろう。（溪内謙「ソヴィエト史の新しい世代」、ナウカ、『窓』一〇〇号、一九九七年三月）

このことばに私は全面的に共感する。小著が、この日本の社会で、「自立した歴史感覚と批判精神」が根づくのに、いささかでも役立てば幸いである。

盧溝橋事件＝日中全面戦争開始六十周年
そして南京大虐殺六十周年——の年
一九九七年　秋

中塚　明

目次

第六章 朝鮮人は忘れない
——朝鮮の抗日蜂起と日本軍の討伐

第七章 「愛国」を騙る亡国の歴史観

――いまにつづく歴史偽造の後遺症

装丁＝商業デザインセンター・松田礼一

第二章 百年目の発見

——福島県立図書館「佐藤文庫」『日清戦史』草案から

1　なぜ「佐藤文庫」を調べに行ったのか

❖二つの目的

日清戦争から百年を迎えるに当たって、東アジアの世界を視野に入れて広い観点から日清戦争を再検討してみようという目的で、「日清戦争と東アジア世界の変容」国際シンポジウム実行委員会（委員長・大畑篤四郎早稲田大学法学部教授）が結成された。一九九三年秋のことである。

その直後、一九九三年十月二日、私は大谷正専修大学法学部教授から「福島県立図書館に日清戦争の戦史の草案がありますよ」と教えられた。大谷さんは、従来の日清戦争研究で、全く無視されていた「軍夫」（武器・弾薬・食料などの輸送に動員された民間人のこと）に関心を持ち、福島県立図書館をはじめ各地の図書館を調査していたのである。その中で、福島県立図書館の「佐藤文庫」に所蔵されている『日清戦史』の草案を見つけたのである。その調査旅行の様子は、大谷さんの「日清戦争時の『軍夫』関係史料調査旅行の記録――東北三県と愛知県の文書館・図書館をたずねて――」（『専修大学人文科学研究所月報』、一四七号・一四八号、一九九二年五月・六月）に詳しい。

「珍しいものがあるんだナ、是非行ってみたい」と衝動にかられた私であったが、調査の目的は二つあった。

第一は、私が『日清戦争の研究』（青木書店、一九六八年）を公刊して以来、長年、疑問に思っていたことがあったからである。その疑問というのは、日清戦争で日本軍と清朝中国の軍隊との最初の交戦であった成歓《ソンファン》の戦（一八九四年七月二十九日）の直前、二十七日の早朝、午前五時、成歓に向かっていた日本軍の前衛部隊、第二十一連隊第三大隊長陸軍少佐古志《こし》正綱が自殺したことである。公刊されている『明治廿七八年日清戦史』には、自殺の理由が次のように書かれている。

この日力を尽して集合したる人馬は往々逃亡を謀《はか》り、歩兵二十一連隊第三大隊に属するもののごときは皆逃亡して翌日の出発に支障を生じ、大隊長古志正綱二十七日午前五時責を引き自尽するに至れり。（『明治廿七八年日清戦史』第一巻、一三二頁）

〔注〕右の文章の原文はカタカナまじりで書かれているが、本書では読者の便宜のために、

以下引用するすべての史料は、原則として、カタカナはひらがなに直し、漢字も常用漢字や場合によってはひらがなに改め、なお読みの難しいものにはルビをつけ、また句読点を施し、適宜、改行したりもした。

当時、朝鮮に出兵していた日本軍は、広島に司令部を置いていた第五師団の中から組織された歩兵混成第九旅団を主とする混成旅団、約八千人であった。そのトップは陸軍少将の大島義昌《よしまさ》で、その下に、歩兵の第十一連隊・第二十一連隊の二つの連隊などが置かれ、連隊長は中佐である。各連隊には三つの大隊があり大隊長は少佐であった。つまり古志正綱は、混成旅団長・連隊長に次ぐ地位にあったのである。その高官であった大隊長が清朝中国の軍隊との最初の交戦を目前にして、「自殺」するとは、どんな事態だったのか、よほどのことがあったに違いない。戦史の草案には、《公刊戦史》で書かれていることのほかに、もっと詳しい記述があるのではないかと、興味をそそられたのである。

第二は、この古志正綱大隊長の自殺とも関連することであるが、日清戦争に際して、武器・弾薬・食糧など作戦に必要な物資の補給はどうなっていたのか、軍事用語で言えば兵站《へいたん》の問題を明らかにしたいとの思いがあったからである。これは日清戦争の本質をどう理解するかにもかかわる問題でもあった。

日本では、日清戦争は事前の準備をして始められた戦争か、それとも朝鮮に甲午《こうご》農民戦争（当時から日本では長く「東学党の乱」と呼ばれてきた）が勃発して清朝中国の軍隊が出兵するという事態の中で、準備もなくにわかに思いついて始められた戦争か、という二つの対立する見解が前からあり、現在でも論争点の一つになっている。

著名な歴史家で数々の優れた業績を残した服部之総《しそう》は、論文「『大日本帝国主義』政治史についての覚え書——第一議会から第七議会まで——」（初出一九四九年九月『日本評論』。『服部之総全集』十九、福村出版、一九七四年所収）で、「この日（一八九四年の）五月三十日まで、本気で日清戦争を考えた者は、世界中に、たれ一人いはしなかったのである。」（傍線は原文では傍点）と書いている。

これは五月三十一日、日本では帝国議会で内閣弾劾上奏案が可決され、伊藤博文内閣が窮地に陥ったことと、同日、朝鮮全羅道《チョルラド》の全州《チョンジュ》（全州は全羅道の中心都市であったのみならず、当時の李氏朝鮮の王朝発祥の由緒ある土地でもあった）が東学農民軍の手に落ち、朝鮮政府が清朝中国に出兵を要請する重要なきっかけになったこと、この二つの偶然が重なって日清両国の交戦に向かうということを、服部特有のレトリックで述べたものである。

前記の「日清戦争と東アジア世界の変容」国際シンポジウムを準備するために、「日清戦争史研究会」が組織され、一九九三年の秋から月例の研究会も始められたが、その席である歴史家が、この服部の見解も援用し、かつ「軍夫」に民間人を使わなければならないほど、日清戦争は準備のない戦争だったという報告を行なった。

しかし、私はかねてから、日清戦争を一八九〇年の恐慌や、初期議会の政府と議会の対立による政治不安などから説明しようとすることに疑問を持っていた。こうした見解は、そのいずれもが日清戦争を明治初年以来の日本の朝鮮侵略政策と切り離して論じているところに問題があるからである。

それで、兵站《へいたん》の問題を切り口に、日本における日清戦争準備の問題をさらに具体的に解明できないかと考えたのである。『日清戦史』の草案には、その手掛かりになる記述があるかもしれないと、大谷さんの話を聞いてから、早く福島に行ってみたいと衝動に駆られていたのである。

❖「朝鮮王宮ニ対スル威嚇的運動」という記録を発見

福島県立図書館を初めて訪れたのは、遠望される吾妻連峰の山々にまだ雪の残る一九九四年三月二十九日のことであった。早速、書庫に案内されて『日清戦史』の草案を見ることができた。

草案は『日清戦史』のすべてにわたるものではなく、断片的でありかつ重複もある。はたして古志正綱大隊長自殺に関連する草案があるかと探していると、第三草案として分類された十五冊の中に、『日清戦争　第五篇第十一章　第三草案』と表紙に書かれ、章の題名が「成歓会戦前ニ於ケル日本軍混成旅団ノ情況　附其朝鮮王宮ニ対スル威嚇的運動」となっている草案冊子が見つかった。そして別に「決定草案」と分類された三冊のうちの『明治二十七八年日清戦史第二冊決定草案　自第十一章至第二十四章』というかなり分厚い冊子もあり、これは第三草案などをきれいに清書した草案の決定版らしいこともわかった。

古志大隊長自殺のことについては、その『第二冊決定草案』の第十四章にやや詳しく次のように書かれていた。

韓馬及び馬夫逃亡の結果、給養隊はこの日（七月二十六日）の昼食に充《あ》つる精米に不足を生じてこれを炊爨《すいさん》するあたわず。因《よ》ってやむを得ず砲兵大隊及び歩兵第十一連隊第二大隊の携帯米の半ばを給養隊に分かち、辛うじて昼食を弁じたり。しこうしてこの日力を尽して集合したる人馬は又ややもすれば逃亡を計り、歩兵第二十一連隊第三大隊に属するもののごときは皆逃亡して、ついに翌日の出発に支障を生じ、大隊長古志正綱二十七日午前五時、責を引き自尽するに至れり。

しかし、私はこの古志大隊長自殺のより詳しい記事が見つかったことよりも、『第三草案』第十一章が「成歓会戦前ニ於ケル日本軍混成旅団ノ情況　附其朝鮮王宮ニ対スル威嚇的運動」となっており、また『決定草案』にもそれが清書されていることに強く引きつけられた。「なんだ、これは?」。いままで『日本外交文書』などで「王宮ヲ囲ム処置」とか、「王宮ヲ囲ミシ際……」という表現は知っていたが、「朝鮮王宮ニ対スル威嚇的運動」というのは初めて目にする表現だったからである。

ざっと目を通すと、日本軍による朝鮮王宮占領の詳細な記録ではないか。早速コピーをとらせてもらって、その夜ホテルでじっくり読んでみて、「大変な記録が見つかったものだ」という思いをいっそう深くした。

「佐藤文庫」の全容はすでに『佐藤文庫目録』として、一九六五年、福島県立図書館から出版されていた。地方の図書館の所蔵記録に気を配っていれば、三十年も前にこの記録も発見されていたはずである。私は、当時すでに日清戦争の研究をしていたのだから、いまごろになってこの「佐藤文庫」を知り、新しい史料を発見したといっても、決してほめられたことではない。そのことは十分自覚しながらも、この記録がどうして今まで日の目を見ずに書庫に眠っていたのか、そして「日清戦争開戦百年目」の今、見つかったことに、深い感慨を覚えざるを得なかった。

早速、みすず書房の加藤敬事さんにお願いし、『決定草案』の当該部分を紹介することにした。(「『日清戦史』から消えた朝鮮王宮占領事件——参謀本部の「戦史草案」が見つかる」、『みすず』三九九号、一九九四年六月)。

軍事史の専門家や防衛庁の戦史研究者などの間では、「佐藤文庫」の名はつとに知られており、調査した研究者も少なくなかった。しかし、福島県立図書館を訪れても、じっくり腰を落ちつけて特定の史料を読むという調査が、この『日清戦史』草案については今まで行なわれなかったため、この記録は専門家の間でも見過ごされてきたのである。

❖偽書か、本物か

しかし、それにしても本来、参謀本部に所蔵されていて、少なくとも第二次世界大戦の終わりまでは日本ではトップシークレットのはずであった記録が、なぜ福島県立図書館の「佐藤文庫」にあるのか、佐藤傳吉はどうしてこれを入手したのか、これははたして本物かどうか、興奮と疑問が交錯した。

こうした疑問を解くために、その後、何度も福島県立図書館に足を運び、子細にこの草案群を検討してみた。また福島県郡山市にいまも続く佐藤株式会社・佐藤燃料株式会社を訪ね、佐藤傳吉現社長や、この史料を蒐集した佐藤傳吉の孫にあたる現社長夫人にも会ってお話を聞いた。

佐藤傳吉は、この郡山市を拠点にして食品・雑貨の卸問屋を経営していた。代々社長は「佐藤傳吉」を名乗るこの会社は、元来、石油の卸会社であり、祖父・父を相次いで失った佐藤傳吉が、「明治三十年代」ごろから半世紀以上をかけて戦争に関する記録や文献を蒐集したという。なぜ戦争の記録を集めたのか、また入手の経路はどうだったのか、残念ながら今のところ定かでない。

しかし蒐集した資料の数は膨大で「佐藤文庫」の所蔵冊数は、一万三三七八冊にのぼる。とりわけ日清・日露戦争関係が充実しており、欧文文献も豊富である。恐らく自分で古書店をまわって買うというのではなく、古書店に広く関係を持ち、軍事・戦争関係の書物・史料なら何でも持ってこさせて蒐集したものと考えられる（福島民報社編『わか草萌ゆる―安積高校百年』、福島民報社、一九八四年。河北新報社編集局学芸部編『東北の文庫と稀覯本』、無明舎出版、一九八七年。『福島県立図書館要覧』、一九九三年版、などを参照）。

ところで、この「朝鮮王宮ニ対スル威嚇的運動」の記録が公表されると、当然のことながら本物かという疑問が出たが、私は次の四つの理由から本物であると考えている。

（ⅰ）まず形式の面から考えてみる。「佐藤文庫」には全部で四十二冊の『日清戦史』の草案があるが、その中に「朝鮮王宮ニ対スル威嚇的運動」について記述した草案が二種類ある（『第三草案』と『決定草案第二冊』）こと。しかも、その草案群のすべての冊子には、それぞれに「参謀本部文庫」という藍色のゴム印と思われる押印があり、またその文庫の分類を示すラベルが張り付けられている。ラベルには「別種門・一九五番・一号・共一六八冊」と共通して書かれている。このことから推定すると、参謀本部に保管されていた『日清戦史』草案のすべてがこの分類番号でまとめられており、全部で「一六八冊」あったと推定される。一冊や二冊なら「偽書」の疑いも出るかも知れないが、四十二冊という群の中にあり、且つ右のようなラベルから考えて、参謀本部で書かれた草案であることは間違いない。いつの日か「参謀本部文庫」から流出したのであろう。

(ii) 次に内容面から考えてみると、防衛庁の防衛研究所図書館にある「第五師団混成旅団報告」などの、日清戦争当時、戦地から送られてきた「日報」的報告や「陣中日誌」などのより信憑《しんぴょう》性の高い根本史料の中身と重なるところが多いことである。

(iii) また草案の記述の一部で《公刊戦史》にそのまま転用されている部分がある。

(iv) そして日本政府・日本軍の公の立場を不利にする内容の記述を「偽書」として日本で書く理由がない。

以上の四つの理由から、偽書説は成り立たないと確信している。

2　《公刊戦史》と「佐藤文庫」の『日清戦史』草案

❖『日本外交文書』や《公刊戦史》はどう書いているのか

一八九四（明治二十七）年七月二十三日早朝の日本軍による朝鮮王宮、景福宮《キョンボックン》の占領について、朝鮮駐在日本公使大鳥圭介から陸奥宗光外務大臣にあてた公電の第一報は、当日午前八時一〇分に打電された。それには次のように述べられていた。

朝鮮政府は本使の――電信に述べたる第二の要求に対し、甚だ不満足なる回答をなしをもって、やむを得ず王宮を囲むの断然たる処置をとるに至り、本使は七月二十三日早朝にこの手段を施し、朝鮮兵は日本兵に向かって発砲し双方互いに砲撃せり。（『日本外交文書』第二十七巻第一冊、四一九号文書、「朝鮮国政府ノ回答不満足ナル故王宮ヲ囲ム処置ニ出デタル旨報告ノ件」）

これはごく簡単な報告だけで、その状況を具体的に初めて伝えたのは、当日午後五時発信の大鳥公使から陸奥外相にあてた公電、「王宮ヲ囲ミシ際ノ情況報告ノ件」(同右、四二一号文書)である。

この公電の全文は次の通りである。

発砲はおよそ十五分間も引続き今はすべて静謐《せいひつ》に帰したり。督辨《とくべん》交渉通商事務は王命を奉じ来たりて本使に参内《さんだい》せんことを請えり。本使王宮に至るや大院君みずから本使を迎え、国王は国政及び改革の事を挙げて君に専任せられたる旨を述べ、すべて本使と協議すべしと告げたり。本使は外国使臣に回章を送り、日韓間談判の成り行きに因《よ》り龍山に在る我兵の一部を京城へ進入せしむること必要となり、しこうして龍山の兵は午前四時ごろ入京し、王宮の後に当たる丘に駐陣するため南門より王宮に沿いて進みたるに、王宮護衛兵及び街頭に配置しあるところの多数の兵士は我兵に向って発砲せり。よって我兵をして余儀なくこれに応じて発砲し、王宮に入りこれを守衛せしむるに至りたることを告げ、且つ日本政府においては決して侵略の意なき旨を保証せり。

つまり大鳥公使は朝鮮に駐在している外国の外交官に対して状況説明の文書を送り、その中で、朝鮮政府との交渉の成り行きにより、日本軍が王宮の後ろにある丘に陣取るため王宮に沿って進んでいたところ、王宮やその周辺に配備されていた朝鮮兵の多数が日本軍に発砲した、そこで日本軍は余儀なく応戦し、王宮に入って王宮を守ることにしたのである。日本政府には侵略の意図は無い旨を保証したと言うのである。

参謀本部が公刊した『明治廿七八年日清戦史』第一巻でも、この朝鮮王宮占領については、右の大鳥公使の公電の趣旨と同様で、次のように書かれている。（以下（　）は原文の通り、〔　〕内は原文の割注を示す。）

……大鳥公使は韓廷に対する秕政《ひせい》改革談判のたやすく進捗せざるのみならず、ちかごろ韓廷とみに強硬に傾き我が要求を拒否せんとし、人民は清兵増発もしくは入京の風聞に依頼してようやく不遜《ふそん》となり、事態すこぶる容易ならざるをもって、更に旅団の一部を入京せしめんことを請求するに至れり〔第一章参照〕。因《よ》って旅団長は歩兵第二十一連隊第二大隊（釜山守備隊たる第八中隊欠）及び工兵一小隊を王宮北方山地〔此高地中玉瀑壇と称する地点あり、当時号砲の如きもの有りて我が公使館に対す、よってこれらの監視を兼ねこの地方を選定したるなり〕に移し幕営せしめんとし、人民の騒擾を避けんがため特に二十三日払暁前において右諸隊を京城に入れ、その進んで王宮の東側を通過するや、王宮守備兵及びその附近に屯在せる韓兵突然たって我を射撃し、我兵も亦匆卒《そうそつ》応射防御し、なおこの不規律なる韓兵を駆逐し京城以外に退かしむるにあらざればいつ如何の事変を再起すべきも測られざるに因り、ついに王宮に入り韓兵の射撃を冒してこれを漸次北方城外に駆逐し、一時代《かわ》りて王宮四周を守備せり。すでにして山口大隊長は国王雍和門内に在るの報を得、部下の発火を制止し国王の行在《あんざい》に赴けり。しかるに門内多数の韓兵麕集《ぐんしゅう》騒擾するの状あるをもって、韓吏に交渉しその武器を解いて我に交付せしめ、ついで国王に謁を請い両国軍兵不測の衝突に因り宸襟《しんきん》を悩ませしを謝し、且つ誓って玉体を保護し決して危害なからしむべきを奏せり。

龍山屯在諸隊はこの報を得一時入京せしも、すでに平定の後なるに因りその一部をもって京城諸門を守備して非常を警《いまし》め、他はその幕営に帰らしめたり。しこうして午前十一時大院君参内し、ついで大鳥公使、韓廷諸大臣及び各国公使相前後して王宮に入る。この日午後大鳥公使は韓廷の請求により王宮の守備を山口少佐の率いる大隊に依嘱す。午後五時旅団長その幕僚を従え騎兵中隊に護衛せられ、入りて国王に謁し宸襟《しんきん》を慰安する所あり。

(『明治廿七八年日清戦史』第一巻、東京印刷株式会社、一九〇四年三月発行、一一九〜一二〇ページ)

わずかに八〇〇字たらずの叙述である。また、『明治廿七八年日清戦史』第八巻の「付録第百二十二」として「日清戦暦」があり、日清戦争中の諸戦闘に参加した兵力を日付順に記載しているが、この朝鮮王宮占領については、戦闘名は「京城における日韓両国兵の衝突」、参与した兵力は「歩兵三中隊、工兵一小隊」と、きわめて小規模な戦闘であったかのように記録されている。

日本政府は、日清戦争が始まった後、この朝鮮王宮占領から約一カ月後の八月二十日、朝鮮政府と「日韓暫定合同条款」を結んだが、そのなかで、「本年七月二十三日王宮近傍において起こりたる両国兵員偶爾《ぐうじ》衝突事件は彼此《ひし》共にこれを追究せざるべし」との一項を朝鮮政府に認めさせた。朝鮮政府が事件の真相を口外するのを防ぎ、王宮占領の事実に蓋《ふた》をしてしまったのである。

要するに、日本政府の公式見解として、大鳥公使の公電の趣旨が貫かれ、朝鮮王宮占領は、最初に発砲した朝鮮の兵士との偶発的な衝突から始まり、日本軍はやむを得ず応戦し、王宮に入り、国王を保護した、小規模な衝突事件に過ぎなかったということに終始したのである。この見解は現在に至るまで日本政府から公式には修正されていない。

日清戦争当時の新聞報道や巷間《こうかん》に流布《るふ》した戦記類はもちろん、第二次世界大戦後に刊行された戦記の類でもこの見解は踏襲され、また最近の日清戦争研究でも、なおこれによっているものもある。

❖従来の研究では

しかし、こうした日本政府や日本軍の公式見解に疑問を持ち、真相究明にメスをふるった歴史家がごく少ないながらいた。もちろん第二次世界大戦後のことであるが、朝鮮人としての鋭い歴史感覚から、この王宮占領の歴史的な意味を初めて系統的に論じたのは、在日朝鮮人の歴史家、朴宗根《パクジョングン》熊本学園大学教授であった。朴教授によれば、日本軍の朝鮮王宮占領の目的は、「第一に、国王が王宮から脱出することを防止して、それを『擒人《とりこ》』(=虜)にすること、第二に、朝鮮政府から清軍の『駆逐依頼』を要望させるためであり、第三には、閔《ミン》氏政権を倒して親日的な開化政権を樹立すること」の三つであった(『日清戦争と朝鮮』、青木書店、一九八二年、六三ページ)。

また檜山幸夫中京大学法学部教授は、この事件を日本の朝鮮に対する戦争、日朝戦争と理解すべきであると論じ、その前後の日本と朝鮮の外交問題を詳論した(「七・二三京城事件と日韓外交」、『韓』第一一五号、一九九〇年六月)。

この二人の歴史家は、日本の公式見解が事件の真相とはとても思えず、防衛庁防衛研修所戦史部（現、防衛研究所図書館）所蔵の『第五師団混成旅団報告』などの書類から、事件の解明につとめてきたのである。その成果は右の労作に示されている。日本の公式見解が事実とちがうのは、すでに専門の日清戦争研究者には明らかであった。

この二人の研究の前、私は拙著『日清戦争の研究』（青木書店、一九六八年）で、「七月二十三日未明、日本軍により朝鮮政府交替のクーデターがおこされる。日本軍は王宮を占領し、朝鮮兵を武装解除し、同時に閔妃《ミンビ》一族をおいだすために、大院君が日本公使館・日本軍の手によってかつぎだされた。……」（二五九ページ）と書いていた。

この記述に対して檜山教授は、中塚は「クーデター論を展開するが、これはかなり問題であると言わざるを得ない。事実認識として、外国軍隊が国王の居城を攻撃占領し首都を占拠し軍隊の武装解除を行った京城事件を、果してクーデターの概念で捉えることができるのであろうか。ことさら戦争状態の成立を否定し事態を矮小化させ朝鮮政府の政治的主体を軽視した、日本政府の政略的意図を却って追認するものではなかろうか」と批判した（檜山、前掲論文、一二七〜八ページ）。

もっともな批判であり、私は「佐藤文庫」所収の『日清戦史』草案で「朝鮮王宮ニ対スル威嚇的運動」という記録を発見したあと、私の朝鮮王宮占領の事実認識が誤っていたことを認めた（中塚明「日清・日露戦争の今日的意味」、『歴史評論』五三二号、一九九四年八月）。

朴・檜山両教授ら少数の研究者たちは、防衛研究所図書館にある『第五師団混成旅団報告』などから、ずいぶん苦労して事実の解明に努めてきたのである。しかし、こうした報告書類は、日報のように戦地から送られてきたもので、部分的には詳しい場合もあるが、総じていえば断片的であることを免れない史料であった。それだけに二人の苦労も並大抵のものではなかったのである。

しかも、現地部隊の報告の一つである「陣中日誌」についても、例えばこの王宮占領について言えば、『第五師団陣中日誌』と言っても、その中には「歩兵第九旅団司令部」、「歩兵第二十一連隊」、「同第一大隊」、「同第二大隊」と、それぞれ独自の陣中日誌が包含されている。それぞれの単位ごとに、その帰属範囲内のことが書いてあるのである。だから王宮占領の基本方針・全体計画などは「歩兵第九旅団司令部」の陣中日誌に書いてあるが、この旅団司令部の陣中日誌では、門をどう破壊して王宮に突入したかなどの、実際の戦闘場面のことは書かれていない。現場の戦闘の模様を知るには、実際に宮門の迎秋門を破壊して突入した第二十一連隊の第二大隊の陣中日誌を見ないとわからない。こういう事情から、従来の研究でも、旅団司令部の方針はほぼわかっていたが、王宮占領の具体的な戦闘状況までは、必ずしも詳細に明らかになっていなかったのである。

しかし、日清戦争から百年目にして、奇しくも参謀本部で書かれた系統的な朝鮮王宮占領の記録が見つかったのである。断片的部分的な記録と異なり、この「佐藤文庫」にある『日清戦史』草案に書かれた朝鮮王宮占領のてん末記録は、系統的、かつ具体的で、きわめて注目すべき記録であった。

❖この記録が見つかったことの意味

私は福島県立図書館「佐藤文庫」所収の『日清戦史』草案から、系統的な朝鮮王宮占領のてん末記録が見つかったことの意味は、二つあると考えている。

第一は、前述したような朝鮮王宮占領についての従来の日本政府・軍の公式見解が、日本軍自身が書いた記録によってくつがえされたことである。言い換えれば、公式見解がウソであり、「作り話」であったことが、日本軍の記録によって立証されたのである。

ただ、この記録が王宮占領の計画・実施の過程をきわめて系統的かつ詳細に記述してはいるが、この記述がことの「真相」であったかどうかは、なお精査を要する。草案起草の段階で、意図的な作為が部分的にしろあったのではないか、ということの究明である。防衛研究所図書館所蔵の『陣中日誌』をはじめ膨大な史料との照合・史料批判が今後必要である（後述、六一〜二ページ参照）。

第二は、朝鮮王宮占領のてん末が日本軍によって詳細に記録されながら、それが隠され、ウソ・「作り話」につくりかえられ、それだけが、日本の軍隊をはじめ政府当局者、そして日本国民一般に広くまかりとおったことを明らかにしたことである。

この事実から、日本における戦史編纂がどのように行なわれたのか。またウソの話だけがまかり通ったことが、その後の日本政府・日本軍はもとより、広く日本社会全体にどういう意味を持つことになったか。――私は新たな問題の解決を迫られることになった。

この問題について論じる前に、まず朝鮮王宮占領の実相を語ることにしよう。日本政府・日本軍の公式見解と実相がどれほど違っているか、注目してほしい。

第二章 朝鮮王宮占領の実相

——目的・計画・実行

1　日清戦争がなぜ朝鮮王宮占領から始まるのか

❖最初の武力行使＝朝鮮王宮占領

日清戦争は「朝鮮の独立」のために戦われた戦争であったと、学校で教わった人は多いだろう。日清戦争の宣戦の詔勅にも、「朝鮮は帝国がその始に啓誘《けいゆう》して列国の伍伴《ごはん》に就《つ》かしめたる独立の一国」である、それなのに清国は「朝鮮をもって属邦と称し陰に陽にその内政に干渉し……帝国が率先してこれを諸独立国の列に伍《ご》せしめたる朝鮮の地位」と「これを表示するの条約」をないがしろにしている、この清朝中国の非望のために日本はやむなく戦争をせざるを得ないのだと述べていた。

朝鮮を「独立国」とする日本と「属国」だという清朝中国とが戦った戦争、朝鮮を「属国」とする清朝中国は「野蛮国」であり、日本は「文明国」である、日清戦争は「野蛮」に対する「文明」の戦争であったと喧伝《けんでん》された戦争であった。

宣戦の詔勅は、日本国としての戦争目的を内外に明らかにしたものである。また、開戦後、朝鮮政府と結んだ「大日本大朝鮮両国盟約」（一八九四年八月二十六日調印）には、「この盟約は清兵を朝鮮国の境外に撤退せしめ朝鮮国の独立自主を鞏固《きょうこ》にし日朝両国の利益を増進するをもって目的とす」（第一条）とうたわれていた。さらに日清講和条約（下関条約）では、第一条に「清国は朝鮮国の完全無欠なる独立自主の国たることを確認す……」と明記されたことはよく知られている。

日本は、日清戦争は「朝鮮の独立」のための戦争であると内外にくりかえし宣明し、国際的な約束事としたのである。

その戦争における日本軍の最初の武力行使が朝鮮の王宮占領であったというのは、どういうことなのか、けげんに思われる読者も少なくないのではないか。また、日清戦争の最初の戦闘は、一八九四年七月二十五日、朝鮮西海岸、仁川《インチョン》沖合での戦闘、豊島《プンド》沖の海戦であると思っている人も多いだろう。

しかし、日清戦争における日本軍の最初の武力行使は、ほかならぬその「独立」のために戦うといった朝鮮に、それもよりによって国王のいる王宮に向けてのものであったのである。豊島沖の海戦に先立つ二日前、七月二十三日の未明から早朝にかけて、日本軍は朝鮮の王宮を占領し、日清戦争の口火をきったのである。「朝鮮独立のための戦争」がなぜその王宮、景福宮《キョンボックン》の占領から始まったのか。

❖「名分」に困った日本政府

開戦までの外交交渉をここで詳しく述べることは省略するが、ごくかいつまんで、なぜ日清戦争の最初の武力行使が朝鮮王宮占領だったのかを理解する最小限の過程を語る必要があるだろう。

一八九四年春、朝鮮に大規模な農民反乱（甲午農民戦争）が起こった。朝鮮政府はこれを自力で鎮圧することができず、清朝中国に出兵を依頼したが、朝鮮から中国の影響力を排除し、これを勢力下におさめたいと考えていた日本政府・軍も、すかさず公使館および居留民を保護するという名目で出兵を決めた。六月二日のことである。しかし日・清両国の出兵を知った朝鮮の農民軍は、朝鮮の独立が侵されるのを心配して政府と和睦し、農民反乱は終息に向かったのである。

朝鮮政府も日・清両軍の撤退を求めた。九年前の一八八五年、日本（伊藤博文）と清朝中国（李鴻章）との間で結ばれた天津条約でも、両国又はいずれか一国が将来朝鮮に出兵しても、その理由がなくなれば撤兵すると決められていた。しかし、日本政府は農民反乱が起こるのは朝鮮の内政が悪いからだ、この際、日・清両国で朝鮮の内政改革をやろうと提案する。中国の拒否を見越しての提案であった。案の定、清朝中国が拒否すると、それなら日本単独で朝鮮の内政改革をすると言って、撤兵には絶対に応じなかったのである。

一方、日本国内では、自由民権運動の衰退以来、清朝中国に対する敵対的な強硬論が強まっていた。朝鮮の開化派に日本が肩入れして金玉均《キムオクキュン》などが起こしたクーデター、甲申《こうしん》政変が引き起こされたのは日清戦争の十年前、一八八四年のことであった。しかし、この政変はソウルにいた多数の清朝中国の軍隊に打ち破られて失敗し、金玉均らは日本に亡命を余儀なくされた。この甲申政変以後、清朝中国への敵対、日本の国権拡張の主張は民間世論で急速に高まったのである。福沢諭吉が「脱亜論」を唱えたのも甲申政変の翌年のことであった。

しかも、その金玉均が朝鮮の刺客におびき出され上海で殺された。日清戦争が始まる年の三月のことであった。この金玉均暗殺事件で日本の対清敵対感情はいっそう高まっていたのである。

従って、朝鮮の農民反乱を理由に日本軍が出兵すると、世論はますます激高した。新聞も盛んに開戦をあおったのである。

しかし、日本政府が何よりも恐れたのは、欧米列強の動向であった。出兵後、六月の下旬になると、イギリスやロシアからさまざまな干渉の動きが現れる。イギリス、ロシアなど東アジアに利害の大きい国は、この地域に急激な変動を引き起こす可能性のある戦争を好まず、日・

清間の調停にのりだしてきたのである。朝鮮に領土的な野心はないなどと言いつつ、日本政府はこの干渉を避けるのに苦労することになる。こういう状況下で、日本政府は清朝中国との開戦に持ち込むのに欧米列強を納得させる正当な口実を、なかなか見つけることができなかったのである。

❖清韓宗属問題を口実に

そこで清朝中国が朝鮮を属国と言っている、いわゆる清韓宗属問題を口実にしようとしたのである。陸奥宗光外相らは、出兵直後からこのことを考えていた。しかし、首相であった伊藤博文らは、清韓宗属問題を口実にすることをためらっていた。理由は、清韓宗属問題というのはなにも今に始まったことではない、この問題を口実に清朝中国との戦争に踏み切れば、第三者である欧米各国はこれを見て、日本政府は当面のやむにやまれぬ問題を解決するために戦争するのではなく、「ことさらに疇昔《ちゅうせき》の旧痍《きゅうい》を探り紛論の種子を蒔《ま》けりとの譏《そし》りを免れざるべからず」（陸奥宗光『蹇蹇録《けんけんろく》』、岩波文庫、一三〇ページ）というものであった。

伊藤首相らは、ことさらに昔の古傷を持ち出して紛争の種にするというのでは、欧米各国は納得しないだろうと心配したのである。

天皇をはじめ宮廷でも、清朝中国との一戦は避けられないと考えながら、他方では「この上戦争の名はいかが相い成り候や、日本より無理に差し迫り、無名の戦争と相い成らざる様祈る」(津田茂麿『明治聖上と臣高行』、自笑会、一九二八年、八九六ページ)とのためらいがあったのである。

そこで朝鮮駐在の日本公使、大島圭介らが考え出したのは、清朝中国政府に向かってこの清韓宗属問題を持ち出して争うのではなく、朝鮮政府に無理難題をふっかけるやり方であった。それはこのようなものであった。すなわち、一八七六年、朝鮮政府が日本と結んだ修好条規(江華条約)では、「朝鮮国は自主の邦《くに》にして……」と約束したではないか、それなのにいま「属邦を保護する」と言って朝鮮に清朝中国の軍隊がいるのは条約違反である、朝鮮は清国の属国なのか、独立国なのか、独立国なら清国軍を国外に追い出せ、朝鮮にその力がないなら日本軍が代わって追い出すから、朝鮮政府は日本に対して「清軍駆逐」の公式の依頼文書を出せ、と朝鮮政府に迫るやり方である。(その詳細は、中塚明『『蹇蹇録』の世界』、みすず書房、一九九二年、参照)

陸奥外相自身が、戦争直後の著作『蹇蹇録』で、「狡獪《こうかい》手段」「高手的手段」「嚇迫《かくはく》手段」と表現したほど、ずるがしこく強引なやり方であった。ためらっていた伊藤首相もそれは「最妙」(巧い案だ——中塚)と陸奥に手紙を書いて、これに同調したのである(高橋秀直『日清戦争への道』、東京創元社、一九九五年、三八四ページ)。

しかし朝鮮政府がこのような日本の要求を素直に受け入れるはずはなかった。そこで大鳥公使は、七月二十日、最後通牒をつきつけ、二十二日中の返答を求めたのである。すでに七月十二日、清朝中国へのイギリスの調停工作が失敗して日本政府は開戦の決心を固め、十六日には懸案のイギリスとの条約改正交渉にも成功した。十九日には大本営も朝鮮にいる日本軍に「清国軍増派せば独断ことを処すべし」と開戦の許可を与えていた。

朝鮮王宮占領はこうして計画されたのである。

2　王宮占領計画

❖「王宮威嚇」の目的

大鳥公使が最後通牒を朝鮮政府につきつけ、「王宮威嚇」のことが現実の問題になった。大鳥公使の意をうけて、七月二十日午後一時、本野一郎参事官が第五師団混成旅団長大島義昌少将を訪ねて、朝鮮政府を威嚇するために王宮を囲むことを提案するのである。

『日清戦史』の草案は、本野参事官の申し入れを次のように書いている。（以下、『日清戦史』草案からの引用は、福島県立図書館「佐藤文庫」所蔵の『明治二十七八年日清戦史第二冊決定草案　自第十一章至第二十四章』による。）

ちかごろ朝鮮政府はとみに強硬に傾き、我が撤兵を要求し来たれり。因《よ》って我が一切の要求を拒否したるものとみなし断然の処置に出《い》でんがため、本日該政府に向かって清兵を撤回せしむべしとの要求を提出し、その回答を二十二日と限れり。もし期限に至り確乎《かっこ》たる回答を得ざれば、まず歩兵一個大隊を京城に入れて、これを威嚇し、なお我が意を満足せしむるに足らざれば、旅団を進めて王宮を囲まれたし。然る上は大院君《テウオングン》〔李昰応《イハウン》〕を推して入闕《にゅうけつ》せしめ彼を政府の首領となし、よってもって牙山《アサン》清兵の撃攘《げきじょう》を我に嘱託せしむるを得べし、因って旅団の出発はしばらく猶予ありたし。

この申し入れに対し、南方に陣取っていた清朝中国の軍隊を攻撃するため準備していた大島旅団長であったが、すでに清国軍増派の知らせもあるこの時、南下を延期するのは戦略上、不利なのは言うまでもないが、「開戦の名義の作為もまた軽んずべからず、ことに朝鮮政府にして日本公使の掌中に在らば、旅団の南下の間、京城の安全を保つに容易にして、またその行進に関しては軍需の運搬、徴発、皆便利を得べし」と、この公使の提案に同意した。

つまり、この王宮占領は、朝鮮の国王高宗《コジョン》を事実上とりこにし、王妃の一族と対立していた国王の実父である大院君を担ぎだして政権の座につけ、朝鮮政府を日本に従属させ、清朝中国の軍隊を朝鮮外に駆逐することを日本軍に委嘱させる、つまり「開戦の名義」を手に入れる、さらにソウルにいる朝鮮兵の武装を解除することによって、日本軍が南方で清朝中国の軍隊と戦っている間、ソウルの安全を確保し、同時に軍需品の輸送や徴発などをすべて朝鮮政府の命令で行なう便宜を得る、こういう目的で遂行しようというのである。

❖作戦計画の立案

大島旅団長は、翌二十一日、大鳥公使を訪ね「一個大隊」で威嚇するという公使の提案を改め、「手続きを省略し直ちに旅団を進めてこれに従事せしむること」にした。そして歩兵二十一連隊長武田秀山中佐に作戦計画の立案をひそかに命じた。

作成された「朝鮮王宮に対する威嚇的運動の計画」は、草案によると次のようなものであった。日本軍の行動が『日本外交文書』や《公刊戦史》の言うところと、どんなに違っているかを知る上で、詳しくなるがその全容を紹介する。

朝鮮王宮に対する威嚇的運動の計画

一、部署及び任務

京城公使館内に移る。

旅団司令部

歩兵第十一連隊〔長、中佐西島助義〕

本部

龍山《ヨンサン》にとどめ連隊長を同地駐屯諸隊の指揮に任ず。但し軍旗護衛たる将校以下三十五名の部隊これに属す。

第一大隊〔長、少佐一戸兵衛〕

本部

第一中隊〔長、大尉町田実義〕

第二中隊〔長、大尉河南環〕

居留地守備のため午前四時倭城台《ウェソンデ》に集合し、鐘楼《チョンル》までの間における市街の部分を警戒す。但し第一中隊の一小隊〔長、少尉乃万文太郎〕は午前二時出発南大門《ナムデムン》に、第二中隊の一小隊〔長、中尉今井建〕は同時発、西大門《ソデムン》に至り、外部より入京する諸隊のためこれを開くべし。要すれば破壊するも妨げなし〔京城諸門は毎日日没より日の出まで閉鎖する規定なり」。
第三中隊〔長、大尉桑木崇台〕
午前二時半出発、東大門《トンデムン》及び南小門《ナムソムン》の占領に任ず。
第四中隊〔長、大尉下枝観一郎〕
午前二時出発、東小門《トンソムン》の占領に任ず。
第二大隊〔長、少佐橋本昌世〕
本部
第五中隊〔長、大尉仲東白〕
第七中隊〔長、大尉福田半一〕
午前三時半出発、入京し鐘楼付近に在りて市街の東部及び北部の警戒に任ず。
第六中隊〔長、大尉田上覚〕
午前三時半出発、李昰応の邸に至り李昰応の護衛に任ず。
第八中隊〔長、大尉小野万亀太〕〔龍山兵站守備隊たる一小隊欠〕
龍山幕営地にとどめ第三大隊長の指揮下に在りて同地の守備に任ず。
第三大隊〔長、少佐松本箕居〕〔屯芝里《トウンジリ》派遣第十二中隊欠〕
本部

第九中隊〔長、大尉木村伊助〕〔軍旗護衛隊として連隊本部に派遣する将校の指揮に属する三十四名を欠〕
第十一中隊〔長、大尉小原文平〕
第八中隊を併せ堂峴《タンヒョン》東方高地の南端より阿峴洞《アヒョンドン》に至る間の線を占領警戒するに任ず。
第十中隊〔長、大尉静間浩輔〕
午前三時半出発、首力をもって西小門《ソソムン》、一小隊をもって南大門の占領に任ず。
歩兵第二十一連隊〔長、中佐武田秀山〕
本部
第二大隊〔長、少佐山口圭蔵〕〔釜山守備隊たる第八中隊欠〕（↑これが後述する「核心部隊」である――中塚）
工兵一小隊を併せ午前三時出発、王宮に入りこれを守備するに任ず。但し第五中隊〔長、大尉杉岡直次郎〕は軍旗の護衛たり。
第一大隊〔長、少佐森祗敬〕〔臨津鎮《イムジンヂン》守備隊たる第二中隊欠〕
本部
第四中隊〔長、大尉小笠原松熊〕

午前三時半出発、入京親軍壮衛営〔当時世人はこの営を三軍衙門と通称す〕を開放せしめこれを占領し、且つ光化門《カンファムン》前の交通を遮断するに任ず。

第一中隊〔長、大尉服部尚〕

午前三時半出発、阿峴山《アヒョンサン》を占領し、王宮守備隊及び第十一連隊幕営地と連絡し、将校の指揮する二分隊をもって午前四時より西大門を守護し、その他砲兵護衛、連隊幕営地の巡邏《じゅんら》、食事運搬の護衛及び要する時外人の保護に任ず。

第三中隊〔長、大尉河村武友〕

午前三時半出発、入京し王宮東北高地の占領に任ず〔此の高地には当時号砲台の如きもの（玉瀑壇《オクポダン》）有りて砲門の方向日本公使館に対するが故に万一の危険を顧慮してこの配兵あり〕

騎兵第五大隊第一中隊〔長、大尉豊辺新作〕

旅団長の護衛に任ず。

野戦砲兵第五連隊第三大隊（長、少佐永田亀）

阿峴洞北方高地に放列《ママ》を敷き示威す。

工兵第五大隊第一中隊〔長、大尉芦沢正勝〕

その一小隊〔長、少尉土屋善亀〕は歩兵第二十一連隊長の指揮に属し、他は龍山幕営地にとどめ命を待たしむ。
各隊には韓語通弁を配布す。

二、約束

一、韓兵発火するときは正当防衛のためこれに応ずること。
一、韓人の京城を出で去る者は東小門、東大門、南小門においてこれを許すこと、韓兵の退去またしかり。
一、欧米人は成るべく難を阿峴山に避けしむること、但しいずれの場合においても出門の者には護衛兵二名を付す。
一、成るべく射撃することを避け、且つ各国公使館の方向に弾丸の行かざることに注意すること。
一、万一射撃をなさざるべからざる場合には、各隊相互の射撃界に注意し危害を避くること。
一、国王の身体を傷つけざるに注意すること。
事件の発生以前国王の潜出遁逃《とんとう》を防ぐことは公使これに任じたり。〔国王の潜出北漢山《プッカンサン》に遁逃せんとする風説は六月下旬以来数回なりき。〕

この計画が秘密裡に進められたことはいうまでもない。草案の記述はこう述べている。

右の計画はもとより秘密にしいまだ各隊に公達せず。ただただ各部隊長のみに訓示し、部隊に向っては「二十三日未明より京城へ行軍す」と公達せり。しこうして出発すべき各隊は二十二日晩より集合し露営して期の至るを待てり。

続いて、草案はこの「計画の精神」を、次のようにまとめている。

以上の計画の精神を案ずるに、歩兵第二十一連隊長の直接に率うる同連隊の第二大隊（第八中隊欠）及び工兵一小隊より成る一団を動作の核心とし、これをして不意に起りて王宮に侵入し、韓兵を駆逐し国王を擁し（第三草案の原文では、「国王を擒《とりこ》にし」となっていた——中塚）これを守護せしむるに在り。（国王を擁するは当時日本公使の希望する所なりしも、これが逃走を拒まんがためその身体を傷害するがごときこと在りては容易ならざる大事を引き起こすの恐れあるに因り、公使はたといこれを逸するもその身体に加害なきことを旅団長に要求したり。これ公使の意はもし国王にして逃走したる場合に遭遇せば、李昰應を摂政となし仮政府を組織するの考案なりしによる。すなわち王宮威迫の際、彰義門を開放し在らしめしゆえんなり。――この割注は、第三草案修正の過程で新たに書き加えられたものである―中塚」。しこうしてその他の諸隊は外部の動作に任じたるものにして、すなわちその一部は主として京城諸営の韓兵を監視し武器を奪収して王宮に赴援《ふえん》するあたわざらしめ、もって核心をして目的を達するに容易ならしめ、且つ日本及び欧米の官民ならびに李昰應一派の者に危害を及ぼさざらしむるに任じ、他の一部は万一の場合をおもんぱかり京城に対して旅団幕営地を守護するに任じたるものなり。

「核心部隊」である「歩兵第二十一連隊長の直接に率うる同連隊第二大隊」に「工兵一小隊」が同行したのは、王宮を囲んでいる塀あるいは門を破壊するには、爆薬の取り扱いなどに慣れている工兵部隊が必要だったからである。

七月二十三日の王宮占領事件が「日韓両国兵士の偶然の衝突」といったものでは決してなく、日本公使館・日本陸軍の混成旅団が一体となって、事前に周到に準備した作戦計画に基づくものであったこと、そしてその作戦は王宮とその周辺のソウル中枢地域の全面占領であったことは、右の参謀本部自身が書いた記録によって今や明らかであろう。

3　王宮占領の顚末《てんまつ》

❖「核心部隊」の王宮突入

つぎに「核心部隊」の王宮、景福宮《キョンボックン》突入の模様、そして国王を事実上「擒《とりこ》」にする状況を『決定草案』の記述によりながら煩《はん》をいとわず紹介することにする。記述はきわめて精細で、王宮突入の様子が手に取るようにわかるからである（ゴシックの部分は、草案では「小見出し」にあたる頭注を示す）。

これらの準備全くおわり、旅団長は徹夜眠らずして時期を待ちたりしが、二十三日午前零時三十分に至り公使より電報至れり。いわく「計画の通り実行せよ」と。ここにおいてか混成旅団の朝鮮王宮に対する威嚇的運動起こる。実に七月二十三日なり。

朝鮮王宮に対する威嚇的運動の実施

七月二十三日午前零時三十分、大島旅団長が公使より電報を受くるや、諸隊に向かって計画の実行を命じ、且つ人をして京・義及び京・仁間（ソウル・義州《ウイジュ》間およびソウル・仁川《インチョン》間―中塚）の電線を切断せしめ、もってこのことの早く清国へ聞えんことを予防し、しこうして幕僚を率いて日本公使館に移れり。

核心部隊の動作　ここにおいて諸隊は予定のごとく出発し計画を実行したり。今まず武田中佐の率いし「動作の核心たるべき一団（歩兵第二十一連隊第二大隊（第八中隊欠）及び工兵一小隊）」の行動より説き起こさんとす（以下第二挿図参照）（草案には挿図を欠く―中塚）。

武田中佐は第六中隊（長、大尉神力之進）をして南大門より入京し、王宮東側の建春門に至り内より開門するを待たしめんためまずこれを派遣し、自ら他の部隊を率いて王宮西側の迎秋門より入るべき目的をもって西大門より入京したり。但し王宮諸門の閉鎖せられ在る場合にはもとよりこれを破壊して侵入するの覚悟にして、これがため歩兵中尉河内信彦に第五中隊の二分隊を付し、工兵小隊と共に開門すること及びその門を守備することに任じたるが故にこの一団を先頭とし、次に第七中隊（長、大尉田辺光正）第五中隊（二分隊欠）（軍旗護衛）の順序をもって行進したり。（外部動作の諸隊中直接王宮の北及び南側に行動すべき同連隊の第三及び第四中隊は行進の初めに当たりては第三第四中隊の順序を取り、第七、第五中隊の中間にはさまりてこの一団と共に行進し、入京の後、分離して各任地に向かえり〕。

武田中佐部下の一隊迎秋門を破壊す　かくて武田中佐の引率せる一団は迎秋門に到着せしが、門扉《もんぴ》固く閉ざされて入るあたわず。北方金華門をうかがわしめしがこれまた閉鎖し在り。因《よ》って迎秋門を破壊するに決し、工兵小隊は爆薬を装しこれを試みるも薬量少なくして効を奏せず。かくのごとくすること再三、ついに破れず。斧《おの》を用いてこれを試むるまた目的を達せず。ここにおいて長桿《ちょうかん》を囲壁に架し雇通弁渡辺卯作まずこれを攀《よ》じて門内に入り、次いで河内中尉またこれに頼りて壁を超え、内部より開扉せんとするもまた果たさず。ついに内外相《あ》い応じ鋸《のこぎり》を用いて門楗《かんぬき》を裁断し、しかるのち斧をもって門扉を破り、辛うじて開門したるは午前五時ごろなり。

迎秋門破壊するや河内中尉の二分隊まず突入しこれを守護し、もって第七、第五中隊進入し、第七中隊は吶喊《とっかん》して直ちに光化門に進み守衛の韓兵を駆逐してこれを占領し内より開門せり。しこうしてその一小隊〔長、中尉時山襲造〕は更に建春門に進み内部より開門す。この間守備の韓兵は一も抵抗する者なく皆北方に向かって逃走したり。〔初め閔泳純《ミンヨンスン》の統率せし平壌《ピョンヤン》の涓営《クエヨン》兵五百余名は西別宮（旧西営と称す）及び儀賓府に分駐せしが、この時に至りては西別宮の兵は転じて内兵曹に入り、経理庁の兵二百名は新営を守備し在りた

り。〕

ここに又第六中隊は予定のごとく南大門を入り、午前四時二十分建春門に達せしが、門外に韓兵あり、これに向かって射撃す。中隊すなわち応射し在りしが、五時過ぎに至り迎秋門より入りし第七中隊の一小隊来りて内部より開門せしに因り、直ちに門内に進入したり。

第六中隊の建春門を入るや更に北方春生門、神武門及び昬居門を占領すべき任務を受け、兵を分かちて韓兵を駆逐しつつ王宮内部を通過し北方に向かって一斉に行進せり。しかるにその春生門に向いし部隊、王宮北部の外郭に出るや、北方の松林中より韓兵〔蓋《けだ》し王宮衛兵の北方に逐斥《ちくせき》せられたるものならん〕の射撃を受けこれに応射したり〔この時第三中隊は近く王宮囲壁の外部において南面して韓兵と射撃を交換し在りき〕。

この時第五中隊（二分隊欠）は軍旗を護衛して武田連隊長及び山口大隊長と共に光化門内に在りしが、北方においてはげしき銃声の聞こうるや武田連隊長は軍旗護衛の任務を第七中隊〔この時光化門を守備す〕に移し、山口大隊長をしてこの中隊〔第五〕を率いて第六中隊に赴援せしむ。因ってこの中隊は直ちに建春門の内部より囲壁の内側に沿い北進したり〔山口大隊長は建春門の楼上に登り一般の情況を視察したる後、第五中隊に追及せり。この時外部督弁趙秉稷《チョビョンジク》内廷より出で来り大鳥公使に面議せんことを請《こ》う。因って大隊長はこれを許し一護衛兵を付して光化門より出でさしむ」。
第五中隊の赴援するや、従来第六中隊に向かって抵抗せし韓兵は陸続《りくぞく》北方王宮囲壁を出て白岳《ペガク》の方向に敗走し、双方の発火ようやく緩徐《かんじょ》なるに至れり（午前七時半）」。

❖国王、事実上「擒《とりこ》」になる

こうして王宮、景福宮《キョンボックン》は日本軍の占領するところとなった。大鳥公使は先に引用した日本外務省当ての公電で、「発砲はおよそ十五分間も引き続き今はすべて静謐《せいひつ》に帰したり」と、ごく簡単に朝鮮側の抵抗は終わったかのように述べているが、右の草案の記述では、少なくとも「午前四時二十分」から「午前七時半」まで、約三時間にわたって王宮占領をめぐる双方の銃撃が続いていたことがわかる。

日本軍が王宮を制圧し、後は国王を捜し出すことが「核心部隊」の仕事となった。草案の記述を続けて読んでみよう。

すでにおおむね王宮内の韓兵を駆逐し去り、囲壁は四周皆日本兵の占領する所となれり。今やこの核心の動作の余す所は、ただただ王宮内部を捜索して国王の所在を発見して、これを擁するに在り（第三草案の原文では、「この核心の動作として残る所のものはただ王宮内部を捜索して国王の所在を発見して、彼を手裡に入るるに在り」となっていた——中塚)。すなわち山口大隊長〔この時王宮北部に在り〕は第五中隊及び第六中隊の二分隊〔中尉林康太これを率う〕にこの捜索を命じたり。須臾《しゅゆ》にして第五中隊長より報あり、いわく「国王雍和門内に在り、韓兵これを守護す」と。因って大隊長はまずその部下に発火を制止し自ら王の所在に赴く〔当時国王は雍和門内咸和堂に、王妃はその後宮緝敬堂に在りしが、戦闘の開始するや王妃は咸和堂に居を移して国王と連座し在り〕(この割注も第三草案修正の過程で新たに加筆されたものである——中塚)。山口大隊長の雍和門に至りし時は第五中隊の一部すでに門内に在り、将校は韓吏と談判中なりき。韓吏など〔右捕将金嘉鎮《キムカヂン》等数人〕すなわち大隊長に請うていわく、「外務督弁今や大鳥公使のもとに行き談判中なり、彼が帰るまで軍兵を雍和門内に入れざることを希望す」と。大隊長いわく「門内多数の韓兵を見る、もしその武器を我に交付せば求めに応ぜん」と。彼ら聴かず、大隊長すなわち剣を抜き現兵を麾《さしず》し叱咤《しった》して門内に突入せしめんとす。彼ら大いに驚きこれを支え国王の裁決を得るまでの猶予を請い、霎時《しょうじ》にして出で来り韓兵の武器を交付することを諾したり。

山口大隊長国王に謁す　すなわち大隊長は国王に謁せんことを請い許さる。因って啓していわく「今や図らずも両国の軍兵交戦し殿下の宸襟《しんきん》を悩ませしは外臣の遺憾とする所なり。しかれども貴国兵すでにその武器を我に交付せり。我が兵士玉体を保護し決して危害の及ばざるを期すべし。殿下幸いにこれを諒せよ」と。これより雍和門内に在りし韓兵の武器はもちろん、なお門内を捜索してその隠匿の武器をも押収しこれを昬居門外に運搬せしむ。〔この時第七中隊長その一分隊ばかりの兵を率い来たりてこれらの作業を幇助《ほうじょ》す。〕この間第五中隊を雍和門に集合し宮殿の周囲に哨兵を配布して警戒す。これらの動作全く終われるは午前九時過ぎなり。

動作の核心たりし部隊の行動かくのごとし……。

《公刊戦史》である『明治廿七八年日清戦史』第一巻には、国王が日本軍の事実上のとりこになった状況を、次のように書いている。

……山口大隊長は国王雍和門内に在るの報を得、部下の発火を制止し、国王の行在《あんざい》に赴けり。しかるに門内多数の韓兵麕集《ぐんしゅう》騒擾するの状あるをもって、韓吏に交渉しその武器を解いて我に交付せしめ、ついで国王に謁を請い、両国軍兵不測の衝突に因り宸襟《しんきん》を悩ませしを謝し、且つ誓って玉体を保護し決して危害なからしむべきを奏せり（一二〇ページ）。

意図しない不測の衝突で双方撃ち合いとなって、国王に心配をかけたことを謝罪し、「国王を保護」することを誓ったというのである。こうした報道は、事件直後から日本はもちろん内外に広められた。最近の日清戦争の研究書でも、「派遣部隊は午前四時に行動を開始、漢城に侵入、王城攻囲に向かった。午前四時四九分これに対して王宮側より発砲があり、日本軍は攻撃をはじめ、王宮を占拠、国王を保護下におき、戦闘も午前六時二〇分には終息した」と書いているものがある（高橋秀直『日清戦争への道』、東京創元社、一九九五年、四四二ページ）。

しかし「国王を保護する」とか「国王を保護下におく」とか言うが、右の『日清戦史』草案の記述から明らかなように、朝鮮国王はだれから脅かされていたのか。それはまぎれもなく日本軍によって脅かされていたのであって、国王を守っていたのは朝鮮の兵士であった。しかもこの危急のときに、国王側は「外務督弁がいま大鳥公使のところにいって談判中だから、彼が帰るまで門内に入らないように」と日本兵を阻もうとしていた。

それに対して、山口大隊長は「門内の朝鮮兵の武器を引き渡すなら応じてもよい」と答えたが、国王側は聞き入れないので、大隊長は「剣を抜き日本兵を指図し、大声をあげて日本兵をはげまし、門内に突入」させようとしたのである。国王の目の前で刀をふりかざした山口大隊長が日本兵を叱咤激励して、いまにも建物に突入するぞと国王を銃剣で脅迫したのである。

国王は日本軍の銃剣によって文字通り脅迫されていたのであって、その国王を保護していた朝鮮兵士の武装を解除して、無防備の国王を日本軍のとりこにしたのがことの真相である。これを「国王を保護した」というのは、事実を逆さまに書くきわめて意図的な書き方である。ことの本質にかかわることとの表現はあくまで正確でなければならない。

なお、国王が事実上「擒《とりこ》」になる際のこの草案の記述について一言しておく。前掲のように、王宮を占領し、後は国王を捜し出すことだけになった。そこで山口大隊長は第五中隊と第六中隊の二分隊に国王の捜索を命じたところ、この草案の記述では、「須臾《しゅゆ》にして第五中隊長より報あり、いわく『国王雍和門内に在り、韓兵これを守護す』」と書かれていた。すなわち大隊長の捜索命令の後、たちまち国王は見つかったように書いているのである。

ところが、混成旅団の報告『従明治二十七年六月至同年九月混成第九旅団第五師団報告』（防衛研究所図書室所蔵）の七月二十三日の記録では、「午前五時四十分右捕将王宮に来れり。ここにおいて王の所在を詰問し嚮導《きょうどう》せしめたるに雍和門（義和門ならん）に至り武器あるを発見し、これを没収せんとす。国王出で来たりこれを制していわく、日本公使館に向けて外務督弁を遣《つか》せり、故に帰還するまで猶予ありたし」となっている。

すなわち何とはなしにすぐに見つかったのではなく、右捕将（金嘉鎮）が王宮に来たので、彼に王の所在を詰問、案内させて国王の所在を突き止めたのである。日本軍による武器没収を制止したのも、戦史草案が書いている「韓吏など」ではなく、国王が直接制止したのであった。

戦地から送られてきた報告が、編纂された戦史草案の記述より、史料的な価値が高いはずである。このように参謀本部で『日清戦史』の草案が書かれた際にも、必ずしもことの真相を書かずに、事実を潤色改変したところもあると考えられる。戦史草案の史料批判が必要だと考えるゆえんである。

4　朝鮮王宮占領作戦の終了

❖大院君を誘出、「王宮威嚇行動」完了

『日清戦史』の草案には、この「核心部隊」による王宮占領のほか、前に紹介した「朝鮮王宮に対する威嚇的運動の計画」に従って、王宮占領と並行して、王宮のまわりにあった朝鮮側の軍事施設をことごとく占領し、武器を押収したことも書かれている。場所によっては「韓兵甚だ抗拒につとめたり」と草案に書かれているように、朝鮮兵士の抵抗に出会ったところもあった。王宮北方の高地からの朝鮮側の射撃は「午後二時ごろに至るもいまだ止まず」という状況

であった。しかしいずれも圧倒的な日本軍の武力の前に間もなく沈黙を余儀なくされた。午後五時には、大島旅団長が王宮に入り国王に面会している。

ところで、日本軍による王宮占領が進む中で、この日、午前十一時に、国王の実父である李《イ》昰應《ハウン》＝大院君《テウォングン》がその邸宅から歩兵第十一連隊第六中隊の日本兵にまわりを固められて、王宮に入った。

日本側は王妃である閔妃《ミンビ》の一族と政治的に対立していた大院君を担ぎだし、閔氏一族を政権から排除しようとしたのである。午前三時半に出発した第十一連隊第六中隊の日本兵は李昰應の邸宅に向かった。邸宅には日本兵に混じって多数の日本の「壮士」を名乗る民間人も押しかけ雑踏していた。しかし、李は容易に日本側の思惑には応ぜずその誘出は進まなかった。

王宮占領を画策した一人である日本公使館の杉村濬《ふかし》書記官は、この日、午前三時ごろから王宮の裏側の小丘に登り、日本軍の王宮突入の状況を観察していたが、その杉村のもとにも「大院君誘出困難の状」が伝えられた。そこで彼は大院君の邸に向かい、王宮に入るのをためらう大院君に、「日本政府之此挙實出於義挙故事成之後断不割朝鮮国之寸地」と書いた。「日本政府の今日の行動は正義のためにやったことである。だから日本政府は朝鮮の土地を奪おうなどとは全然考えていない」という一札を入れたのである（杉村濬『在韓苦心録』、一九三二年、五〇〜五四ページ、参照）。とにかくどうしても大院君を連れ出し、閔氏一族を宮廷から一掃し、国王を日本の支配下に置くことが必要であった。これが朝鮮王宮占領の最大の眼目であったから。大院君はようやく日本側の要請に応じ、日本軍に擁されて王宮に入ったのが午前十一時であった。ついで大鳥公使も宮殿に入り朝鮮政府は日本の支配下におかれたのである。

その日の夕方、日本軍は「歩兵第二十一連隊第二大隊」に「王宮の守衛」を命じたほか若干の部隊を王宮周辺要地に留め、午後五時から六時の間に、幕営地にひきあげ、「王宮威嚇の動作これにおいて結了し」た。

❖再び日本の公式見解について

日清戦争を始めるに際して日本軍が行なった朝鮮王宮占領が、いかに周到に準備され計画的に実施されたものであったか、以上の紹介でよくわかったと思う。

しかし、まだある人々は、最初に発砲したのは朝鮮側であったというかも知れない。草案にも、歩兵第二十一連隊第二大隊の第六中隊は、景福宮の東側、建春門に午前四時二十分に到着し、「門外に韓兵あり、これに向って射撃す」とある。これが朝鮮兵士の最初の発砲であったのかも知れない。日本側の公式見解はこれを拠《よ》り所にしているものとも思われる。防衛研究所図書館が所蔵する『第五師団混成旅団報告綴』にも、戦闘記録として最初に「午前四時半韓兵発砲せるをもって我よりも応戦、小戦始まる」と報告されている。

しかし、たとえ朝鮮側が最初に発砲したとしても、たまたま日本軍が王宮の側を通っていて撃たれたというような、日本側の公式見解がなりたたないことはすでに明らかである。

『混成第九旅団第五師団報告』の七月二十二日の分（報告は二十三日付）に、

一、王の逃亡後を囲むは益なし、故に徹夜に景福宮付近を探偵せしむることは公使館の担当

一、徹夜に及べば諸方にかがり火をたくこと

を、この日の密議で決めたと報告されている。

だからおそらく、二十二日から景福宮の周辺はただならぬ雰囲気につつまれていたのであろう。朝鮮側もその異様を察知していたに違いない。そこへ二十三日の未明、日本軍の大部隊が来たのだから、朝鮮兵士が発砲したとしても不思議ではあるまい。朝鮮兵士がはじめに発砲したとしても、それをもって日本軍による朝鮮王宮占領が偶発的な事件の結果、起きたものだとはとても言えない。

つまり朝鮮王宮占領は、偶発的なものではなく、日本公使館の提案にもとづいて日本軍が計画をたて、その作戦計画に従って実施されたきわめて計画的な事件であったことは明らかであ

る。前出の大鳥公使が当日午後五時、陸奥外相に送った公電で、「外国使臣に回章を送り、日韓談判の成行に因り龍山に在る我兵の一部を京城へ進入せしむること必要となり、しこうして龍山の兵は午前四時ごろ入京し、王宮の後に当たる丘に駐陣するため南門より王宮に沿いて進みたるに、王宮護衛兵及び街頭に配置しあるところの多数の兵士は我兵に向って発砲せり。よって我兵をして余儀無くこれに応じて発砲し、王宮に入りこれを守衛せしむるに至りたることを告げ」たと述べたのは、事実を偽った情報を故意に流したということである。

また、二十三日の作戦終了後、歩兵第二十一連隊長が同連隊の第二大隊長に与えた訓令(『日清戦史』草案の最後に「左に歩兵第二十一連隊長が同連隊の第二大隊長に与えたる訓令を掲げ、以て王宮威嚇運動の記事を結ぶべし」として記録されている)の第一にも、

我が混成旅団長より受けたる訓令は、不意の戦闘に因り、王城内、一の韓兵を止めざるに至りしが故に、朝鮮王室に対し我が軍隊の至大の尊敬を表するため、貴官は部下大隊(一中隊欠)をもって王宮を守護すべし(傍線は中塚)

とある。あくまで「不意の戦闘」の結果、日本軍が王宮に入って、一人の「韓兵を止めざるに至」ったというのである。混成旅団長はじめ、王宮占領計画の作成者であり核心部隊の最高指

揮官でもあった人物が、事実を知っていたのに、それを隠していたのは明らかである。

こうした日本政府を代表する日本公使および日本軍の最高指揮官の言辞は、この計画的な王宮占領の事実が暴露されれば、列国の非難を招く恐れがあり、したがってことの真相は決して明らかにしてはならないと、王宮占領の前から考えていたことを証拠だてるものである。

❖日本軍の南下

日本軍による王宮占領の翌日、七月二十四日、大院君の下で新内閣が組織された。大鳥公使はこの新内閣から「清朝中国軍を朝鮮から駆逐すべし」という日本軍への公式の依頼文書を出させようとしたが、それは容易に進まなかったようである。

一方、大島旅団長は、北の方、平壌《ピョンヤン》付近に清朝中国軍が上陸して南下してくるかも知れない、そうすると南北から日本軍が挟み撃ちに会う危険があるので、一刻も早く、ソウル南方、約九十キロの牙山《アサン》付近にいる清朝中国の軍隊を撃破する必要があると考え、「韓廷より依頼の有無に関せずまず牙山の清兵を掃蕩」するため、二十五日に出発、南下することに決した（『明治廿七八年日清戦史』第一巻、一二六ページ）。

日本軍がソウル南方の水原に到達した二十六日の夜遅く、午後十時ごろ、大島旅団長は、在牙山の清兵を撤回せしむる儀に付き、昨二十五日、朝鮮政府より外務督辦の記名調印をもって右取り計い方代弁の依頼これ在り候間、御承知の上しかるべく取り計らい相い成りたく、この段申し進め候也。

という大鳥公使の信書を受け取った。同時に「人馬雇用に関する」朝鮮政府の文書若干も送付してきたという（同右、一三二ページ）。

今や朝鮮国王をはじめ、王室・政府は日本軍の占領下にある。こうした文書が出されたとしても、それが朝鮮国王や朝鮮政府の自発的な意思に基づくものであったとは、常識的に考えてとても言えまい。

こうして日清両国の交戦は目前に迫ったのである。

第三章 偽造される戦史

――「日露戦史編纂綱領」

1　日清戦史はどう作られたのか

❖情報活動と結びついた戦史編纂

それにしても、朝鮮王宮占領について、なぜ、このような詳細な記録が参謀本部で書かれたのか、また、書かれた記録がなぜウソの「作り話」に変えられたのか、疑問は次々と湧いて出た。私は手さぐりで近代日本における戦史編纂の歴史を調べ始めることになる。

『日清戦史』を編纂する過程でいったんは詳述された朝鮮王宮占領のてん末が、公刊された戦史では、どうして「作り話」に変えられたのか。私が初めに考えたことは、参謀本部が朝鮮王宮占領のてん末を詳細に記録したのは、日本陸軍が日清戦争の初戦での「功」を誇って書き留めたのではないかということであった。日本陸軍にとっては、日清戦争の口火をきったこの事件は大いに手柄になるはずのものであったからである。しかし、外交問題として露見することがはばかられたため公刊戦史では消されてしまい、「作り話」に書き変えられたのではないかと推測したのである。

しかし、その後、幾度か福島県立図書館に足を運ぶうちに、「日露戦史編纂綱領」という文書が同じく「佐藤文庫」にあることを知った。そしてこの「日露戦史編纂綱領」を読んで、『日清戦史』草案の朝鮮王宮占領にまつわる詳細な記述は、「功」を誇るというような戦史編纂者たちの情緒的な動機によるものではないと考えるようになった。

その「日露戦史編纂綱領」の話に入る前に、日清戦史の編纂はどのように行なわれたのか、現在までの調査をまとめておくことにする。

参謀本部の前身は、一八七一（明治四）年七月、兵部省の改革で、省内に参謀局が置かれたことに始まる。参謀本部編の『参謀沿革誌』によれば、参謀局の職掌の一つとして「地理図誌」の作成があり、その作成は「間諜《かんちょう》隊は平時に在りてはこれを諸地方に分遣して地理を測量せしめもって地図を製するの用に供す」と定められているように、「間諜」（スパイ）の任務と結びついていたのである。

このように参謀局の仕事は、初めから情報収集を重要な任務としていた。参謀局は一八七三（明治六）年三月、陸軍省条例の改定で、「第六局」と改称され、その中に測量地図・絵図彫刻・兵史並びに兵家政誌の収集の任務が規定されていた。「兵史並びに兵家政誌の収集」は、「日本全国兵家歴史にかかる自筆書類及び版本を収蔵しこれを部分《（ママ）》し兵史を収集出版」するのがその任務であった。すなわち戦史の編纂事務がこの時から、重要な任務になっていたのである。

一八七八（明治十一）年十二月六日、参謀本部が設置され、管東局・管西局・総務課を本体とし、「別に参謀付属の諸課を置きもって支部となす、いわく地図課、いわく編纂課、いわく翻訳課、いわく測量課、いわく文庫課、これなり」とされた。戦史編纂にかかわって注目されるのは編纂課である。「編纂課は本邦及び外国の政誌地理に関する者ならびに各国の兵制内外各地の戦史などを類纂《るいさん》彙輯《いしゅう》し、あるいは本部長の特命をもって一種の編纂に従事することあるべし」と定められ、将来の戦争に備えて、歴史の研究・編纂にたずさわることを主務としたのである。

この編纂課は近代の戦争にかかわる歴史を研究しただけではない。中国に情報収集のため派遣されていた日本の軍人が持ちかえった歴史史料、例えば朝鮮古代の高句麗《コグリョ》広開土王碑の碑文などを解読し独自の出版も行なった。もちろん、将来の日本の朝鮮や中国への勢力拡大をにらんでの仕事であったことは言うまでもない（中塚明『近代日本の朝鮮認識』、研文出版、一九九三年所収の論文、「近代日本史学史における朝鮮問題」「日本近代史の展開と『朝鮮史像』」などを参照のこと）。

こうして参謀本部における歴史研究・戦史編纂は情報活動と結びついて、明治の初期から続けられていたのである（なお、有賀傳『日本陸海軍の情報機構とその活動』、近代文芸社、一九九四年も参照されたい）。

❖日清戦史編纂の過程は

さて、それでは日清戦争についての戦史編纂はどのように行なわれたのか。結論から言えば、日清戦史の編纂過程については、現在のところ史料不足でまだよくわかっていない。現在までの調査で得た断片的な史料からわかる限りのことを書いておこう。

日清戦争当時の参謀本部条例は、一八九三（明治二十六）年十月三日の勅令百七号によるものであった。この条例では、参謀本部は第一局と第二局、そして編纂課（内外兵要地誌及び政誌の編纂、戦史の編纂、外国書の翻訳）で構成され、比較的簡素なものであった。

日清戦争終結の翌年、一八九六（明治二十九）年二月十八日、参謀総長彰仁《あきひと》親王から陸軍大臣大山巖にあてて、「臨時戦史編纂部官制別紙の通り制定相い成りたき意見に候条、異存これ無く候えば海軍大臣へ協議の上、允裁《いんさい》を仰ぎたく、協議に及び候也」として、「臨時戦史編纂部官制」の案が送られている。従来の機構とは別に新たに参謀総長の監督に属する「日清戦史」の編纂を掌《つかさど》る「臨時戦史編纂部」を置こうという案である。

この官制案によれば、編纂部の「長は陸海軍将官、副長は陸海軍将官もしくは陸海軍大佐」を、「事務官は陸海軍佐官又は陸海軍尉官、同相当官」をあて、「必要により陸海軍編修若干を混用することを得」るとされていた（防衛研究所図書館所蔵『明治廿八九年参謀本部歴史草案』所収史料による)。しかし「この協議はいかが決着せしか不明」と付箋があるように、この案は実現しなかった。陸軍から海軍に相談があったかなかったか、それもわからない。恐らく陸軍・海軍のそりが合わずにさたやみになったものと思われる。

そして結果としては、陸海軍それぞれに戦史の編纂が行なわれ、よく知られているように、陸軍は参謀本部編『明治廿七八年日清戦史』第一〜八巻、付図二巻(東京印刷、一九〇四〜一九〇七年)を、海軍は海軍軍令部編『廿七八年海戦史』上・下・別巻(春陽堂、一九〇五年)を公刊した。

〔注〕なお、海軍の戦史については、海軍軍令部は右の《公刊戦史》とは別に、重要電報などを収録した『秘廿七八年海戦史』十二巻・別記を印刷している。この『秘廿七八年海戦史』は防衛研究所図書館に所蔵されていて、現在では公開されている。公刊された『廿七八年海戦史』と、この『秘廿七八年海戦史』との比較検討は今後の課題である。

さて、陸軍では、右の「臨時戦史編纂部」案が出されたあと、間もなく同年五月九日、勅令二百一号によって参謀本部条例が改正され、第一部・第二部・第三部・第四部・編纂部の五部制に拡充改組された。編纂部の分担責任は、戦史・内外兵要地誌及び政誌・翻訳の仕事である。

この編纂部の部長は、歩兵中佐東條英教《ひでのり》(東條英機の父)である。部員としては文官で古くから編纂課で仕事をしてきた横井忠直が「編修」として引続きトップに在職し、大塚賢一(歩兵少佐）・倉辻明俊（工兵少佐）・斉藤力三郎（歩兵大尉）・宇都宮太郎（同）・伊豆凡夫（同）・高橋義章（同）・塩田武夫（同）・佐藤安之助（歩兵少尉）ら八人の軍人と、岡部精一・巽《たつみ》来次郎の文官が所属していた（部員の人名は一八九六・明治二九年『職員録甲』による。部員は年により変化するが詳細は省略する）。

恐らくこうしたメンバーで日清戦史の編纂が始まったことはほぼ間違いなかろう。巽来次郎は一九〇二（明治三十五）年に出版した著書『日清戦役外交史』（東京専門学校出版部蔵版）の凡例で、日清戦史の編纂に携わり、専ら「戦争の原因及び結果の編纂を担当した」と述べている。

ところが内閣総理大臣山県有朋・陸軍大臣桂太郎のとき、一八九九（明治三十二）年一月十四日、勅令第六号で、また参謀本部条例が改正された。そして従来と違って第六条で「参謀本部の編制は別に定むる所による」とだけ書かれて、参謀本部の編制（機構）は明らかにされないことになった。当時の参謀総長川上操六が一八九八年十二月十九日の日付で残している記録によれば、参謀本部条例改定の際に「特に奏請して允准《いんじゅん》」を得たものという「参謀本部各部分任規則」は、「本部各部の分任すべき行務はこと機密に関するを以て本規則はこれを秘第一種と定めその保管を確実にし他に漏洩するの患《わずらい》なからしめんとす」とある（防衛研究所図書館所蔵『明治卅～卅一年参謀本部歴史草案』所収）。

一八九九（明治三十二）年七月十五日、軍機保護法が公布されているが、参謀本部では軍機保護法制定の動きは二年前の一八九七年六月ごろから見られる。日清戦争を経て、日本の軍事力が世界から注目されるのにつれて、軍事機密の秘匿が急がれたのである。参謀本部が何をしているのか、それも国民の目から隠されてしまったのである。

ところで、『明治卅〜卅一年参謀本部歴史草案』に残されているこの「秘第一種」とされた「参謀本部各部分任規則」によれば、編纂部はなくなり、五部制になった新機構の第四部が編纂部を引き継いでいる。第四部の仕事は「戦史・兵要地誌・翻訳・陸軍文庫」の四つであった。

この一八九九年一月十四日の勅令第六号による参謀本部条例のもとで日清戦史の編纂が、精力的に続けられていたのである。

一八九九年の『職員録甲』によると、第四部長は、大佐に昇進している東條英教が引続き在任し、別記された「編修」の欄には、横井忠直を筆頭に、巽来次郎・岡部精一の三名、「属」として十二名、「編修書記」として七名、「通訳生」として四名の職員が記載されていて、戦史編纂機構の充実ぶりがうかがわれる。翌一九〇〇年も「編修」に下村修介が加わるなど若干の変化があるもののほぼ変わらない。一九〇一年になると、「編修」欄から巽来次郎・下村修介の名が消えるなどの変化があるが、第四部長は、まだ東條英教大佐である。東條大佐以外の軍人のうち、だれが第四部に属していたのか、それはこの『職員録』からはわからない。

❖寺内正毅参謀本部次長のもとで戦史編纂方針に変化か

こうしたことを考えると、日清戦史編纂のトップとして、東條英教大佐が大きな役割を演じていたことがうかがえる。しかし編纂方針などについては、防衛研究所に所蔵されている『参謀本部歴史草案』などを調べてみても、今のところまだ見つからない。

ただ断片的な記録ではあるが、それらを連ねて追ってみると、おぼろげながらこの一八九九（明治三十二）年一月十四日の勅令第六号により改定された参謀本部条例のもとで、日清戦史編纂にもある画期が訪れたように思われる。そしてその画期を促したのが、新たに参謀本部次長に就任した寺内正毅《まさたけ》陸軍中将ではなかったかと推測されるのである。

寺内は一九〇〇（明治三十三）年四月二十五日に参謀本部次長になったが、彼の日記によれば、就任後一月あまりたった六月一日、「出務す、東条大佐と戦史編纂上の意見を闘わす」（山本四郎編『寺内正毅日記』、京都女子大学発行、同朋舎印刷、六七ページ）とある。どんな意見をたたかわせたのか、中身はわからないが、三日後、六月四日の日記に「東条大佐去る二日より心臓病と称して出務せず」とある。両者にただならぬ確執があったことをうかがわせる。

井口省吾（当時、砲兵大佐。陸軍大学校教頭・参謀本部御用掛兼務、戦史編纂にもかかわっていた）が、後年、次のように書いている。

日清戦役終了後、我が参謀本部において「日清戦史」を編纂することとなったが、これが編纂主任たる東條第四部長は、戦闘情報の往々にして正確ならざるものがあるために、各戦跡の実地調査を出願した。あたかも伯（寺内のこと──中塚）は当時参謀次長であったが、この出願を聞いて

「報告書は既に報告書として認められているものである。今更戦跡実地調査に人を派遣するの必要はあるまい。殊に戦跡を調査するとしても当時と情態を変じている所もあるであろう。むしろ戦闘情報を根拠として戦史を編纂した方が得策である、しこうしても し疑念の生ずるが如きものがあったならば、これは欄外に記載して註を添えて置けばよい」

と言って容易に実地調査を認許せられぬ。ここにおいて端なくも伯と東條部長との間に衝突を惹起《じやつき》し、両者ともに職をとして意見の貫徹を計ったのである。私は大いにこれを憂慮するの余り、ついに双方の会見を求めて意思の疎通を計ろうとした。しこうしてこれが立会役として大久保春野将軍に依頼した。しかるに将軍も当初はこれを快く承諾せられたがたまたま両者の性格とその主張とを探知するや、到底これが解決の余地なきことを悟ってついにこれが立会を拒絶せられた。かくて両者間の紛擾《ふんじよう》は漸次その度をたかめていつこれ

が解決を見るとも予期せられなかった。折柄明治三十三年北清事変の勃発するに当たりて東條部長は、

「今や国家多事のときに際していたずらに争いをこととするは甚だ愚なるものである、しかもこの事変に処する次長の心労もまた一方《ひとかた》ならぬものがあろう。そこで吾輩も意を翻して次長の命に従うこととしよう。しこうして戦史編纂完了後においていさぎよくこの身を処決する」

と言ってそのまま編纂に従事した。ここにおいて両者の衝突もようやく解決を告げ、その後東條部長も栄転して旅団長となった……（黒田甲士郎編『元帥寺内伯爵伝』、元帥寺内伯爵伝記編纂所、一九二〇年所収、「逸話零聞」二八〜三〇ページ）。

南部藩（岩手県）出身で陸軍大学校第一期生を優等の成績で修了した俊秀の東條英教と、陸軍の主流をなす長州閥の寺内とは、日ごろからそりが合わなかったこともあったのか。戦史編纂について意見をたたかわせた翌日から、心臓病と称して東條が参謀本部に出てこなくなったほどだから、両者、文字通り激論をたたかわせたのであろう。

しかし、激論の内容が井口の書いている「戦跡実地調査」程度の、いわば枝葉末節のことがらであったかどうか、疑問なしとしない。というのは、日清戦史編纂に当たって「戦跡実地調

査」も行なわれていたからである。例えば、「佐藤文庫」所収の『日清戦史』第二草案中の「第十六篇第七十五章」（澎湖島の占領）は表紙に「岩崎之紀調査」と書かれており、末尾に「引用及参考材料書目」として、参戦諸部隊の陣中日誌や戦闘詳報など二十九点が挙げられている。その中に一点、「三十四年岩崎之紀実地調査」というのが見えるからである。しかも「三十四年」と言えば、寺内の参謀次長在任中である。

このような次第で、寺内・東條論争の真相はかなり根本的な問題を含んだものであったのではないかとも考えられるが、いまのところそれは推察の域を出ない。

ところが、寺内正毅陸軍中将が参謀次長在任中に、日清戦史編纂にある画期が訪れたのではないかと推察させる史料がある。それは一九〇〇（明治三十三）年十一月七日に、「参謀本部編制表備考中第四項を左の通り改正せらる」、その内容は「当分の内、新戦史編纂のため定員外に部員、出仕及び将校相当官、高等文官、判任官若干名を増加することを得」という記録である（『明治卅二〜卅三年参謀本部歴史草案』所収）。

これだけなら、どういう意味を持つ改正なのかよくわからないが、他方、福島県立図書館「佐藤文庫」の『日清戦史』草案群を見ていると、その表紙や前扉に「新戦史委員ノ外披読《ひどく》ヲ禁ス」と書かれた草案が少なくない。第一草案十六冊のうち四冊、第二草案八冊のすべてに、そう書かれているのである。この事実と右記の「……新戦史編纂のため……」という官制改正を重ねると、見逃せない改正ではないかと考えられるのである。

だれが新戦史委員なのか、元からいた戦史編纂にかかわった委員はどうなったのか、その中からも新戦史委員になったものがいたのかなど、さっぱりわからないが、しかし「新戦史委員ノ外披読ヲ禁ス」というのは、戦史編纂の機構上、また編纂方針をめぐって何か重要な変更があったことを示すものではなかろうか。

『寺内日記』の「明治三十五年二月四日」には、「出務す、今朝内藤中佐来訪、新戦史編纂のことを談ず」とある。また、東條の後任として第四部長になる陸軍砲兵中佐大島健一が、寺内が陸軍大臣に転出する同年三月二十七日の前、三月一日に大山巌参謀総長から「新戦史委員」を命じられている（『明治卅五年参謀本部歴史草案』所収）。

こうしたことを考えれば、寺内参謀本部次長は、東條が主導した戦史編纂方針とはかなり変わった方針を打ち出し、「新戦史編纂委員」に戦史編纂のことを委ね、元からの委員を新戦史編纂から疎外したのではないかとも想像される。

以上が『参謀本部歴史草案』などからうかがえる日清戦史編纂にかかわることがらである。しかし、いずれにせよ日清戦史編纂の方針をめぐっては、今のところ隔靴《かっか》掻痒《そうよう》の感は否めない。

2　「日露戦史編纂綱領」――「史稿」と《公刊戦史》

※「佐藤文庫」の「日露戦史編纂綱領」

日清戦史の編纂については、いままで見てきたように、よくわからないというのが残念ながら現状である。しかしながら日清戦争から十年後に戦われた日露戦争の戦史編纂については、同じく福島県立図書館「佐藤文庫」にある「日露戦史編纂綱領」という文書からかなり詳細に知ることができる。そしてこの「日露戦史編纂綱領」は、さかのぼって日清戦史の編纂方針を推測できる点でも興味深い文書である。

日露戦争が終わった翌年、一九〇六(明治三十九)年二月、参謀総長大山巖の名で、「明治三十七八年日露戦史編纂綱領」が定められた。「明治三十七八年日露戦史編纂綱領」というのが、いわば主文に当たる文書である。活版印刷されたこの文書の全文をまず紹介しよう。

明治三十七八年日露戦史編纂綱領

一　本史は明治三十七八年日露戦役における陸戦の経過を叙述し、もって用兵の研究に資し兼ねて戦争の事績を後世に伝うるものとす。

二　海軍に関する事項は陸戦経過の研究に必要なる程度にとどむるものとす。

三　戦史の叙事はおおよそ陸戦経過の順序にのっとり、広大なる戦闘の記事は要すれば時期及び方面に区分し、文章を簡明にし本末の関係を律す。

四　作戦の経過にのっとり、記事の簡明事績の連係を較量《こうりょう》し、その目次を製して、戦史大体の組織を定め、編纂事業の区分を明らかにし、爾後《じご》調査編纂の進歩に従い必要に応じ修正変更を加う。

五　戦史用挿図は陸地測量部もしくは我が軍において実測しあるいは鹵獲《ろかく》せる地図中適良のものを撰用す。しこうして地図の梯尺《ていしゃく》は適宜に変化し制規の図式に合し所要の密度を保ち、明瞭に読解し得るごとく訂正するを要す。

六　編纂事業を分かちて二期とし、その第一期は史稿の編纂にして、第二期は戦史の修訂とす。史稿は戦史の草案なり。精確《せいかく》に事実の真相を叙述し戦史の体裁を具備せしめ、史稿完成の上は第二期作業に移り、その全部にわたり分合増删《ぞうさん》し、且つ機密事項を削除しもって本然の戦史を修訂し、これを公刊するものとす。

七　戦闘記事中に挿載すべき兵站《へいたん》、運輸、通信、補充、経理、衛生の事項は、戦略戦術の研究上知らざるべからざる程度にとどめ、その委曲《いきょく》は部門を分かち史尾に叙述するものとす。

八　編纂史料は専ら大本営、各部団隊の機密作戦日誌、陣中日誌、戦闘詳報、報告、その他の公文書を撰用す、もし記事不足し事実矛盾して情況の経過に不審あるときは責任ある参戦高級将校二名以上の説明を求めて、その符合せるものを採用するものとす。

日清戦史編纂の過程で、いったんは詳細に書かれた朝鮮王宮占領のてん末が、公刊戦史では「作り話」に変えられてしまったのはなぜかを知ろうとしていた私には、この「日露戦史編纂綱領」を読んで、「あぁそうだったのか。なるほど」と、その疑問が一気に氷解したように思えた（もちろん、日清戦史編纂の時にも、同様の編纂綱領のようなものがあったのか、どうかの問題が残るのだが）。

とりわけこの「日露戦史編纂綱領」の六と八の規定が重要である。八にあるように、編纂に当たっては、その史料として、「専ら大本営、各部団隊の機密作戦日誌、陣中日誌、戦闘詳報、報告、その他の公文書」を用いて書くが、それは六にあるように、戦史編纂の第一段階の「史稿の編纂」なのである。この「史稿の編纂」では「精確に事実の真相を叙述」するのであるが、

「史稿完成の上は第二期作業に移り、その全部にわたり分合増刪《ぞうさん》し、且つ機密事項を削除しもって本然の戦史を修訂し、これを公刊する」というのである。《公刊戦史》では「機密事項」は削除され、ことの真相は隠されているということを、疑問の余地なくこの「日露戦史編纂綱領」は語っているのである。

❖周到な戦史の編纂

この「日露戦史編纂綱領」には、参謀本部第四部長であった大島健一の名による「日露戦史編纂規定」のほか、「日露戦史編纂ニ関スル注意」（以上、活版印刷）、「日露戦史史稿審査ニ関スル注意」、「日露戦史整理ニ関スル規定」（以上、孔版印刷）の四つの文書が付属している。これらの文書は、日露戦史の編纂がどれほど周到に行なわれたかを示すものである。

まず、「日露戦史編纂規定」の要点を紹介しておこう。この規定は、一　編纂業務規定（二十五項目）、二　叙事規定（十五項目）、三　隊標、註記、符号、略字、数字及び尺度規定（五項目）という詳細なものである。そのすべてを紹介する余裕はないので、「編纂業務規定」から主要な項目だけをあげることにする。

まず冒頭、一として、「編纂業務」は「編纂、審査、地図整理及び庶務の四科」に分け、参謀本部第四部長がその全体を統括することを規定している。次いで戦史編纂の最も大切な部分である「編纂及び審査科」の規定がある。

二　編纂科員は史料の調査、史稿の編纂、戦史の修訂に任ず。

三　審査科員は史稿を審査し、叙事の疎密を衡訂《こうてい》し、遺漏《いろう》重複を増删《ぞうさん》し、各部の連係照応を糾合するに任ず。

四　編纂科員は分担の編纂を終われば之を部長に出し審査を乞う。これを第一草案と称す。

五　部長第一草案を受領すれば、これを審査科員に付し、これが審査を行なわしむ。審査科員は所要の校訂を加えこれを部長に出す。部長はこれを検校《けんぎょう》し編修をして文章を修正せしむ。これを第二草案と称す。第二草案成ればこれを印刷して編纂科員に配布し意見を徴す。

六　編纂科員第二草案を受領すれば、叙事の事実を査覈《さかく》（調べること——中塚）し、自己編纂部分との照応連係を較査《こうさ》し意見を付記して部長に出す。部長は各意見を取捨しこれを修正したる後、要すれば編修をして更に文章の修飾をなさしむ。これを戦史史稿と称す。

七　審査及び編纂の進歩に従い、史稿に修正を加うるの必要ありと認むるときは各科員は直ちに意見を具してこれを部長に請求するものとす。

八　当局官衙《かんが》、部隊もしくは参戦将校に質問したる説明書には、その署名捺印を求め、他日の証となすべし。

九　各草案には資料の書目及び説明者の官、姓名、部隊名などを付記すべし。

右の規定からわかるように、横井忠直らいわゆる「編修」の役割は、主として文章の修辞にあったのであり、編纂・審査は、主として参謀本部員または参謀本部に出仕している陸軍の将校によって行なわれていたのである。

「地図整理科」については省略する。ついで「庶務科」であるが、庶務の事務は「一　往復文書の整理、二　編纂事務に関する日誌調製、三　筆生服務の監視及び工程の登記並びに月報の調製、四　消耗品の保管及び受授」であった。特に「史料中、大本営及び各部団隊の機密作戦日誌、陣中日誌、戦闘詳報及び諸報告など、日露戦役に関する唯一の公文書は、科長特にその保管出納を監守し、且つ成し得る限り謄本を造り、編纂の用に供するものとす」とされ、庶務科の重要事務であった。

また、二の「叙事規定」の三には、「史稿の叙事中、秘密に属し、戦史において削除修正を要すると認むる部分は、第一草案中、その文章に圏点を付す」と定められている。

これが日露戦史編纂業務規定の主な内容である。

次に「日露戦史編纂ニ関スル注意」では、まず「戦史の目的は古今を渝《かわ》らずこれに依って戦争の事跡を攷究《こうきゅう》し、用兵の知識を増殖するに在り」とされ、「編纂者は事実の真相を顕彰するを主として、これに批評を加うるを避くべし」と、編纂者の主観的な評価や感想を書くことを固く戒めている。

❖書いてはならない十五カ条

日露戦史編纂は、右の諸規定からもわかるようにきわめて周到に行なわれたのであるが、この福島県立図書館「佐藤文庫」所収の「日露戦史編纂綱領」に付随する一連の規定や注意で、もっとも注目すべきものは「日露戦史史稿審査ニ関スル注意」である。

すなわち先に紹介したように、日露戦史の編纂では、まず第一期として「史稿の編纂」が行なわれ、第二期として史稿を審査し、「その全部にわたり分合増刪《ぞうさん》し、且つ機密事項を削除しもって本然の戦史を修訂し、これを公刊するものとす」とされたが、その第二期での「史稿審査」の基準、平たく言えば何を「機密事項」として削除するか、削除の理由は何かが、この「日露戦史史稿審査ニ関スル注意」に書かれているのである。

近代日本における戦争の歴史が、当の陸軍でどのように叙述されてきたか、《公刊戦史》はどういうことがらについて真相を語っていないかを知る上で、きわめて貴重な記録である。煩《はん》をいとわず全文を紹介する。

日露戦史史稿審査に関する注意

日露戦史史稿は別紙注意事項により審査する儀と心得うべし。

但し原文は読み易きため右傍に沿い朱点を付し、更にその右方に修正文を朱書するか又は付箋に記し且つ欄外に該修正事項の所在を標記するを要す。

日露戦史史稿審査に関し注意すべき事項

一、動員又は新編成完結の日は明記するを避くべし。

理由　後来《こうらい》我軍の戦闘準備日数計算の基礎を確定せしめざらんがためなり。しこうして下令の日は既に中外に知れ渡るもの多く、しかも大なる妨《さまたげ》なきをもって特に秘するの必要なし。

二、各部団隊意志の衝突に類することは終にその実行せる事績に関するものを主として記述するを要す。しかれども作戦に関係すること大にしてこれを記するにあらずんば経過不明なるものはただ意見齟齬《そご》の理由を軽易に記述するにとどむるを要す。

理由　我軍の内情を暴露するの嫌あり、且つ何らの利益なきがためなり。

三、軍隊又は個人の怯懦《きょうだ》、失策に類するものはこれを明記すべからず。しかれどもために戦闘に不利の結果を来《きた》したるものは情況やむを得ざるがごとく潤飾するか、又は相当の理由を付しその真相を暴露すべからず。

理由　我軍の価値を減少し且つ後来の教育に害を及ぼすなどの恐あるが故なり。

四、兵站《へいたん》直接の守備隊並びに輸送力に関するものは詳細に記述すべからず。但し守備隊にして実際戦闘に参与せしものはこの限りにあらず。

理由　陸路兵站の設備は後来の作戦に関係すること大なるをもって真相を暴露するの不利なると、特に輸送力のごときは外国軍のため大なる参考となるべきが故なり。

五、特設部隊詳細の編制はこれを記述すべからず。

但し戦利砲隊、後備旅団を概説するはこの限りにあらず。

理由　将来における我が軍兵力の打算に関係するが故なり。しかれども戦利砲隊のごときは臨時のことに属し後来必ずしもしかるものにあらず、又後備旅団に関しては我が軍将来の編制は戦役当時のものと趣を異にすべきをもって秘密となすの必要を認めざるによる。

六、我軍の前進又は追撃の神速且つ(ママ)充分ならざりし理由はつとめてこれを省略し必要やむを得ざるものに限り記述し漠然たらしむるを要す。

理由　後来の戦役の例証となすは好ましきことにあらざると多少我が軍の欠点を暴露するの嫌あるが故なり。しこうして表面の理由としてはあるいは給養の関係、戦闘後の整頓あるいは単に戦術上の顧慮などに出づるがごとくし、たとえ事実なりとするも我が軍戦闘力の消耗もしくは弾薬の欠乏などのごときは決して明白ならしむべからず。

七、弾薬追送に関すること、並びにこれが戦闘に影響せし事実は記述すべからず。

但し若干部隊のみ弾薬欠乏して苦戦せしなど、一局部の出来事はこの限りにあらず。

理由　我軍の準備の不足を暴露するは好ましからざるが故なり。

八、給養の欠乏に関する記述はつとめてこれを概略にすべし。

但し若干部隊のみにおける一時の出来事はこの限りにあらず。

理由　前に同じく且つ後来我軍の運動を打算するの資たらざらしめんがためなり。

九、人馬弾薬及び材料の補充並に新たに部隊を編成せるなどの景況は記述すべからず。

理由　外国軍をして我が国戦闘力の資源の推測打算を容易ならざらしめんがためなり。

十、研究の価値あるべき特種の戦闘法、又はその材料にしてしかも世間いまだこれに注意せざるものはつとめて記述すべからず。

理由　幾多の碧血《へっけつ》を流して得たる我が軍の実験は外国軍の利用とならざるに注意すべきはもちろんのことなりといえども、陸戦に在りては彼我《ひが》互にこれを知り得るをもってこのこと多くはこれなかるべし。しかれども露軍の見地より研究すれば多少得る所なきを保せず。例えば挺進騎兵の詳叙、旅順における戦闘の細部、又は迫撃砲などの補助材料のごとき、みだりにその効果を暴露し外国軍をして注意研究せしむるは決して策の得たるものにあらざるが故なり。

十一、国際法違反又は外交に影響すべき恐ある記事は記述すべからず。

理由　俘虜《ふりょ》土人の虐待、もしくは中立侵害と誤られ得べきもの、又は当局者の否認せる馬賊使用に関するなどの記事のごとき、往々物議をかもしやすくひいて累を国交に及ぼし、あるいは我が軍の価値を減少するの恐れあるが故なり。

十二、高等司令部幕僚の執務に関する真相は記述すべからず。

理由　勤務上の機密を暴露するの恐れあればなり。

十三、将来の作戦に関すべき恐れあるものは詳述すべからず。

理由　将来の戦闘地域となる恐れある土地の状況、奉天会戦後の前進準備又は乗船揚陸に関するもののごときは後来の作戦に参考となるべきものなるをもって外国軍の利用する所とならざらんがためなり。

十四、添付すべき地図は戦闘地域の必要なる部分のみ記載し、他は全くこれをはぶくかもしくは極めて概略にすべし。

理由　戦闘経過を知るに足り且つつとめて秘密地図暴露の範囲を狭小ならしめんがためなり。

十五、記事中海軍に関するものは必ずあらかじめ海軍当局者の意見をただし承諾を得て公刊するを要す。

理由　陸軍の見地よりすればあるいは暴露して可なるべきがごときも艦隊の根拠たりし場所、海面防御の設備、又は弾薬費耗の景況などのごとき秘密を要すべきもの往々これあり。畢竟《ひっきょう》陸軍と情勢を異にする所あるをもってみだりに忖度《そんたく》すべからざるが故なり。

3　日清戦史編纂時に編纂綱領はあったのか

❖自衛隊戦史研究者は「日露戦史編纂綱領」をどう見ているか

第二次世界大戦後、自衛隊で戦史研究に重きをなした一人に野村実がいる。海軍兵学校の出身（第七十一期）で、太平洋戦争時には戦艦武蔵や空母瑞鶴などで実戦に参加したあと、軍令部をへて海軍兵学校教官を勤め、第二次世界大戦後は、第二復員局調査部員となり極東国際軍事裁判の海軍側被告の弁護事務に従事、やがて防衛庁に入り、海上幕僚監部をへて防衛研修所に移り、戦史研究に従事し防衛大学校教授にもなった人である。

その著書に『太平洋戦争と日本軍部』（山川出版社、一九八三年）がある。その序説「太平洋戦争と日本軍部」の冒頭で「歴史の教訓」を論じ、自衛隊の戦史研究者が福島県立図書館「佐藤文庫」で見つけてきたこの「日露戦史編纂綱領」の一連の文書を紹介した。中でももっとも注目すべきものとして、右に紹介した「日露戦史史稿審査ニ関スル注意」をあげ、その「主要なものを摘記」している。

野村は、「太平洋戦争まえ、日本の陸海軍人の頭に強く印象づけられていた戦争は、第一次世界大戦よりも日露戦争であった」(同右、八ページ)、しかし、「太平洋戦争に至る日本の政策決定や、戦争に関与した日本の陸海軍人は、その最高首脳のレベルが初級士官としてわずかに日露戦争で実戦の経験を持ったほかは、ほとんどの陸海軍人は日露戦争には参加していない。日本の陸海軍人は日露戦争の実態を、主として参謀本部や海軍軍令部が編纂した公刊戦史を通じて学んだわけである」(同右、九〜一〇ページ)と述べている。

それだけに公刊戦史の内容が問題なのであるが、「戦勝国の編纂する戦史は、多くの個人伝記が主人公を美化して編纂されるのと同じように、戦争指導者・部隊指揮官の失敗には触れたがらず、戦場の悲惨さは美化され、長所が誇張されて短所が隠される弊害に陥りやすい」(同右、一〇ページ)。普墺《ふおう》戦争(一八六六年)・普仏《ふふつ》戦争(一八七〇〜七一年)のあと、その戦争に勝ったドイツ軍の元帥、モルトケが「およそ戦史は、その戦闘の結果に照して記述されねばならぬ。しかし、わが軍勝利のために貢献した人々に対しては、その名誉を毀損《きそん》してはならない。これが国民の義務である」と述べたことを野村は紹介し、「ドイツが第一次・第二次の世界大戦で敗戦の苦杯をなめた原因の半ばは、このモルトケ戦史が歴史の真実と、自戒すべき戦訓を、ただ戦争の輝かしい勝利の陰におしこめ、国民の心眼からこれを見失わせたためであるとの批判がある」（同右）と述べている。

こうした前提に立って、「日露戦史史稿審査ニ関スル注意」を摘記・紹介し、「政略指導・戦略指導・作戦指導の深刻な研究のためには、史稿審査に関し注意すべき事項のなかで、明記すべからず、概略にすべし、漠然たらしむるを要す、記述すべからず、などとされた個所こそ、重要性があったと言わなければならない」（同右、一四ページ）と主張している。もっとも、太平洋戦争時の日本軍人が、日露戦争史を正確に理解していたとすれば、太平洋戦争で苦杯をなめずにすんだかどうかは別問題である。しかし、それはともかく日露戦史編纂にかかわる右の野村の主張は、もっともな意見といってよい。

❖「国際法違反」は「深刻な研究」の対象にならないのか

ところが、野村はこの「日露戦史史稿審査ニ関スル注意」を全文紹介したのではない。原文の各項目には一から十五の番号が付されているにもかかわらず、番号を付けずに紹介して、どの項目を紹介しなかったのか、読者には判然としないまぎらわしい紹介の仕方をしている。

それだけではない。前記の五、十一、十四、十五の四つについては全く紹介しなかった。「摘記」したのだからそれは当然だと言うのかもしれないが、十四、十五の項目を省略したのはともかく、特に十一の項目に全く言及しなかったことが注目される。「国際法違反又は外交に影響すべき恐ある記事」は、直接軍事史とは関係ないと言うのであろうか。
太平洋戦争を戦う上で、公刊された日露戦史では書かれなかった「個所こそ、重要性があったと言わなければならない」と批判しているにもかかわらず、「国際法違反又は外交に影響すべき恐ある記事」の削除の意味について全く言及しなかったことは、かえって野村を含めた現代日本における自衛隊の戦史研究者の近代日本における戦争、とりわけ日清・日露戦争の見方、ひいてはその歴史観を表明することになってはいないか。
もう一度、第十一項目の全文をあげてみよう。

国際法違反又は外交に影響すべき恐ある記事は記述すべからず。
理由　俘虜土人の虐待、もしくは中立侵害と誤られ得べきもの、又は当局者の否認せる馬賊使用に関するなどの記事のごとき、往々物議をかもしやすくひいて累を国交に及ぼし、あるいは我が軍の価値を減少するの恐れあるが故なり。

日清戦争は、清朝中国との戦争であったが、戦争の勃発と特に初期においては朝鮮がその主戦場であった。そして私が本書で力説したように、日清戦争における日本軍の最初の武力行使は朝鮮王宮占領であった。また、日本軍の戦争遂行に朝鮮における人馬・食糧などの乱暴な徴発が行なわれたことは後述するとおりである。朝鮮王宮占領はもちろんのこと、朝鮮におけるさまざまの徴発が、朝鮮の官民にどのように受け取られたか、どのように朝鮮の民族的感情を損なったか、そして抗日闘争に決起した朝鮮人を日本軍がどれほど無残に鎮圧したか。

また日露戦争といっても、これまた朝鮮・中国東北(満州)をめぐる日本とロシアの戦争であり、その戦場になったのも朝鮮であり、中国東北地方であった。日本は日露戦争を前にした朝鮮政府の局外中立の宣言を無視して、朝鮮を軍事占領下に置いたうえで日露戦争を戦ったことは、「朝鮮駐箚《さつ》軍」の行動を見ても明らかである。そして日露戦争の結果として、「韓国併合」が実現し、日本の植民地として朝鮮は亡国の憂き目を見たことは、朝鮮民族にとって痛恨の極みであったことは、これまた自明のことである。また、新たに日本の植民地となった関東州では、日露戦争後も「反日行為」を名目にして中国人の殺害が行なわれた事実もある。

日本軍の当時における行為の一つひとつのどれが「国際法違反か否か」を論じることはもとより大切なことであるが、それはそれでまた様々な議論を呼び起こすのも事実である。その個々の問題を議論することは他日を期すことにする。

しかし、私がすでに述べたように、例えば朝鮮王宮占領にかかわる記述を、《公刊戦史》には載せることができなかったのは、この日本軍の行動が、帝国主義諸国の思いのままに行動できた当時にあっても、世界に公表できるものではなかったことを、かえって示すものであった。

また、日清戦争中の朝鮮人民の抗日闘争について、外交文書としては外交史料館に『自明治二十六年四月至二十八年九月韓国東学党蜂起一件』という相当量の文書を収録したファイルがあるにもかかわらず、公刊されている『日本外交文書』には全く収録されていないのは、その鎮圧について国際法上の疑義が懸念された結果ではないかと推察される。

そしてこうした日清・日露戦争を経た日本と朝鮮・中国との関係は、その後、日本と両国の間に深い傷痕を残し、日本と朝鮮・中国との民族的対立は、その後の日本のアジア政策を考える上で、きわめて深刻な問題を提起していたはずのものである。

こうした問題があるにもかかわらず、野村がこの第十一項目を紹介しなかったことは、まさに現代日本における歴史認識の問題として、無視できないことであるように私には考えられる。日清戦争後、半世紀にして崩壊した軍国主義日本の「戦史研究」の最大の問題がここにあったと言っても過言ではないからである。

❖日清戦史編纂のときにも「日露戦史編纂綱領」のようなものがあったのか

さて、日清戦史を編纂するときにも、「日露戦史編纂綱領」のようなものがあったのかどうか、という問題を論じて本章を終わることにしよう。

前述したように、日清戦史の編纂の過程については、その様子がよくわからない。しかし、私は「日露戦史編纂綱領」にまつわる一連の文書を読んでいて、日清戦史編纂当時にも、おそらくこの「日露戦史編纂綱領」に近い規定が作られていたものと推測している。

その推測の根拠を、次の一例から考えてみることにする。

「佐藤文庫」『日清戦史』草案群中の『明治二十七八年日清戦史第二冊決定草案』に、朝鮮王宮占領の翌日、一八九四年七月二十四日午後五時、牙山《アサン》の清朝中国の軍隊を攻撃すべく日本軍が南下するにあたり、大島義昌混成旅団長は各部隊に命令を通達するとともに諸種の訓示を与えた。その訓示についての草案筆者の注記がある。

この訓示・注記そのものが興味深いので、その内容をまず紹介しよう。

　この他旅団長はなお諸種の訓示を下して部下を戒飭《かいちょく》せり。今その要旨を挙ぐれば、いわく「いまだ宣戦ありしにあらざるが故に命令を待たず開戦すべからざること」、いわく「将校より下士卒に至るまで敵を軽侮し功を争い勤務の繁閑を論ずるなど、すべて国威を汚すがごとき所行あるべからざること」、いわく「熱誠ことに従い一意進む有りて退くことを思うべからざること」、いわく「戦利品はみだりに私すべからざること、但し敵将の首級を得たる者には彼の所持する貴重品を与う」などの数項なりき。

　それ今眼前にせまり来たれる会戦は、その勝敗もって朝鮮の向背を決すべき所のものにして、又実に本役の初戦すなわち日清両国兵の真面目に技倆を較《こう》するの始たり。元来この両国は三百年来〔すなわち文禄慶長の朝鮮役以後〕いまだ真個に交戦したること有らざりし故、互に敵手の強弱を断定することはただただ平時における偵察上の推測にとどまるものなれば、必ずしもこれをたのむべからず。かかる状況においてかかる重大の責任ある会戦を指導せんとす旅団長の苦心知るべきなり。その懇々これらの訓示を下す、またうべならずや。

ところが、この注記の部分に「決定草案」を審査した人物の貼り紙がある。それにはこう書かれている。

この訓令に対する著者の注記ははぶきたし。何となればこれを存すればこのまずき訓令に同意することとなればなり。編纂規約にもあるごとく評論は読者にまかし、著者は事実を掲ぐるのみにとどめざるべからず。末文、またうべならずやのごとき、甚だ規約にそむきたるの文字なり（傍線は原文では傍点。最後に審査した人物の花押が書かれている）。

この貼り紙からはっきりすることは、日清戦史編纂のときにも「編纂規約」があったことである。しかもその「編纂規約」によれば、戦史の記述は「事実を掲ぐるのみにとどめること」、すなわち事実を正確に書くことが求められていたことが判明する。この決定草案は、「日露戦史編纂綱領」に当てはめてみると「史稿」にあたるものと思われるが、その審査が行なわれていたこともわかる。

そしてこの「史稿」にあたる草案に明記されている朝鮮王宮占領のてん末記録が、《公刊戦史》では「作り話」に改変されたことは、また日清戦史編纂のときにも、前掲のような「書いてはならない十五カ条」の類のものが作られていたことをうかがわせる。

ただ、この「決定草案」を読むかぎり、朝鮮王宮占領にまつわる記述について、削除せよとか、曖昧に書け、などという審査者の書き込みはない。そのことを考えると、「書いてはならない十五カ条」の類のものは、編纂がある時期に差しかかったときに作られたものかもしれない。前述したように寺内が参謀次長になっていた時期に、戦史編纂の責任者であった東條英教との激論や、「新戦史委員」の任命など、それまでと違った事実があったが、そうした動きと、戦史編纂方針の変化がかかわっていたのではないかと、私が推察するゆえんでもある。

しかし、いずれにせよ、日清戦史編纂については、あったに違いない「編纂規約」をはじめ、編纂過程を示す具体的な事実は残念ながら未詳であることには変わりはない。その解明は今後に期したい。

第四章 偽造と忘却の構造

——戦争報道の統制と作られた常識

1　朝鮮王宮占領の報道

※だれが日本人を「忘れっぽく」したのか

日本人は過去のアジア諸国への侵略の問題について、ことのほか忘れっぽいとよく言われる。しかし、「忘れっぽい」というのが、もし日本人の不変の国民性であるかのように言うなら、それは正しくない。自由民権運動が衰退して十年あまりたった日清戦争当時、日本では国権主義的な風潮が圧倒的に力を持っていたことは事実である。しかし、だからと言って、いつ、いかなるときでも、朝鮮や中国への侮蔑と侵略を日本人全体が支持し続けたと考えるならば、それは明らかに誤りである。

朝鮮王宮占領事件をはじめとする侵略の事実をひた隠しにし、真相を意識的にゆがめ、国民にはウソを広め続けたのはだれか、それは日本国家のどういう構造のもとに行なわれたのか、そのことがきちんと明らかにされなければ、われわれは歴史から今に役立つ教訓を引き出すことはできないだろう。

この章では、日本政府が隠し、また参謀本部による歴史の偽造が右に述べたようなものであったとしても、日本国民の間に事実の真相に近づく可能性は全くなかったのか、もしあったとすればそれはどのようなものであり、その可能性はどうして実現しなかったのか、ということを考えることにしたい。その問題の解明のまず第一歩として、日本政府による言論出版の統制の問題を述べることにする。

❖新聞の第一報

日清戦争の期間、一八九四(明治二十七)年七月より、翌年十一月に至る間の日本の従軍記者の総数は一一四人、記者を派遣した新聞社の数は六十六社、その他、従軍志願の画工十一人、写真師四名、合計一二九名が従軍し、軍の統制下で活躍した(『明治廿七八年日清戦史』第八巻、一四〇ページ)。

陸軍省編『明治二十七八年戦役統計』によれば、第五師団混成第九旅団には、当初から三十二名の従軍記者がいた(大谷正「日清戦争と従軍記者」、東アジア近代史学会編『日清戦争と東アジア世界の変容』下、一九九七年、ゆまに書房所収、参照)。しかし、日本軍の最初の武力行使であった朝鮮王宮占領のとき、その現場を目撃することが彼らに許されていたのか、それはよくわからない。

『明治廿七八年日清戦史』によれば、「内地新聞社は本戦役の初め、混成第九旅団の朝鮮京城付近駐屯の時にあたり、すでに同国に通信員を派遣し在りしが、これら通信員は京城本邦公使館付武官の許可を受け、その照会により旅団司令部又は団下部隊に属して通信のことに従えり」（第八巻、一四〇ページ）とある。日本公使館または日本軍の統制下におかれていたことは間違いない。従って、最初から公使館や混成旅団の少数のものだけしか知らない「極秘」の計画として行なわれた王宮占領の現場には、恐らく立ち入れなかったものと思われる。

朝鮮王宮占領に関する日本の新聞（本紙）への第一報は、例えば『大阪朝日新聞』の場合は七月二十五日・水曜日、一面のトップに報じられた。それは次のようであった。

●京城一戦

（二十三日午前十時京城、西村天囚・山本忠輔発）

朝鮮兵今朝突然北漢山《プッカンサン》腹の城壁によりて発銃す。我が兵応戦して直ちに朝鮮兵を卻《しりぞ》けたり。我が兵一隊大院君濟洞《チェドン》の邸を警護す。大院君王城に入ることを承諾す。

●又公報（二十四日午前十時十四分東京発至急報）

その筋へ左の電報達したり。

二十三日午前八時京城発

王城付近におりし韓兵の挑《いど》みたるに因《よ》りこれに応じ小戦中。

二十三日午前八時二十分京城発

韓兵逃走す、兵器を取り上げ且つ王宮を守衛す。

●又別報（二十三日午後八時二十六分東京発至急報）

東京日々新聞社は今日午前十時京城発電報を戸外に貼り出したり。左の如し。

今朝八時韓兵何故か我が哨兵に向い発砲したるにより、我が兵一隊は直ちに応戦し、二十分時《（ママ）》にしてこれを卻《しりぞ》け、殺傷あり。韓兵退いて王城に入り我が兵進みて王城を守る。

（以上三電の中、二十三日発のものは皆即日接手したるが直ちに読者に報道するを得ざる次第あり。昨日に至りて当日発のものと共に号外としたる所なり。いまだ及ばざる方もあらん。）

『大阪毎日新聞』の場合はどうか。同じく七月二十五日、一面のトップ記事である。全文を紹介する。

●韓廷の答弁（七月廿四日午前六時卅五分東京発）

我が大鳥公使が廿三日を期して韓廷の答弁を求めたるに、韓廷の答弁曖昧《あいまい》至極、且つ城内不穏の模様ありと言う。

●大鳥公使韓兵を破りて参内す（同上）

大鳥公使護衛兵を率いて朝鮮王宮に赴かんとするの途中、朝鮮兵これを砲撃す。我が兵応戦二十分、韓兵を打ち卻《しりぞ》け大鳥公使無事参内《さんだい》したりと言う。

（中略）

●我が兵韓兵を破る（七月二十四日午前九時二十四分東京発）

昨日午前八時京城発の報にいわく。

京城付近に在りたる朝鮮兵我が日本兵に向って戦を始む、我が兵これに応じて戦争中。

同二十分京城発の報にいわく。

朝鮮兵直ちに敗れて逃走す、我が兵その武器を取り上げ且つ朝鮮王城を厳守す。

（右確報陸軍省検閲済）

●大院君政権を握る（七月二十四日午前十一時四十分東京発）

昨日午後京城発の報にいわく。

大鳥公使は最早韓廷官吏の頑冥《がんめい》にして誨《おし》ふべからず、これを応接するの無用なるを悟り、今朝（二十三日の朝）護衛兵を率いて自ら王城に赴き国王に謁見して説くところあり。大院君を城内に召さしむ。大院君閔《ミン》族の途に要せんことを患《うれ》いて躊躇《ちゅうちょ》し、日本兵のその邸より護送せんことを大島公使に請う。大島公使これに応じ大院君を護って、八時まさに宮に入らんとす。閔族指揮するところの兵果《はた》してこれに向て発砲し、この一行の王城に入るを妨害す。日本兵応戦、これを破り、大島公使と大院君と無事参内して国王に謁見す。国王我が大島公使の厚意を謝し直ちに政府を大院君に一任せり。大院君その命に応じ政務をなすに至りしばらく宮中にとどまって大改革に着手するのはず。大院君はけだし我が提議の改革案をいれてその実行に着手するものなるべし。しかして清政府は如何《いかん》。

もう一紙、『萬《よろず》朝報』の報道を見てみよう。『萬朝報』でも七月二十五日に「韓兵日本公使に発砲す」という記事が二面に掲載されている。その全文である。

一昨日廿三日在京城なる我が特派員は容易ならぬ電報を送り来れり、その逐一は取りあえず昨朝号外を発して報じたるが全文は左のごとし。

三日間の日限を期して決答を促したる大島公使の最後の厳談に対し、朝鮮政府は無礼なる語をもって断然拒絶の旨を答えたり。京城一般に不穏の色あり。

大鳥公使はこれがため護衛の兵を引き連れ国王に謁見せんため今朝(廿三日)王城に参内せんとせしに、韓兵は乱暴にも途中に要して公使に発砲せり。公使の護衛兵はやむを得ずこれに応戦し、小戦争となりしも卅分間ばかりにして韓兵は逃亡せり。

大鳥公使は直に王城に入り我兵は韓兵の武器を取り上げ且つ王城を守護しつつあり。漫《みだり》に我が公使を狙撃《そげき》発砲す、その暴は決して許すべからず、なお筋々に就きてその詳報を聞き合すに、

大鳥公使のこの参内は、国王が大院君を召し大院君が道に要撃せらるるを恐れてその召に応ぜざりしがため、王より大院君を護衛して来城せられんことを大鳥公使に乞い、公使すなわちその意に応じ兵をもって大院君を王城まで送り届くる途中なりしと。又途中と言うも大道にはあらず、王城の塀の中より発砲したるものにして、我が兵がこれを走らすに卅分もかかりしは戦いの困難なりしためにあらず。多分はその塀を打ちこわすの間にその時間を費せしものなるべく、我が兵が塀内に入るや韓兵直ちに逃去りしものならんと、朝鮮の事情に通ぜし某氏は言えり。又この発砲は全く閔族が韓兵に指図したるものに相違なしと言う。

もちろん大鳥公使は大院君と共に無難に王城に入り王に謁したるに、王は公使の改革要求に対して厚く好意を謝し、国王は初めより拒絶の意志無かりしを述べ、直ちに大院君

に政務を任じ改革のことを托したるにより、大院君はその命に従い自ら庶政改革の任に当たり当分王宮中にとどまることとなりしと聞く。

❖新聞報道の操作

長々と朝鮮王宮占領にかかわる新聞本紙の第一報を紹介したが、それは例に挙げた三紙の報道に多少のニュアンスの違いはあるが、共通してこの事件について一つの方向付けが行なわれていることが読み取れるからである。

右の三紙のうち、『大阪朝日新聞』は、第一報として現地記者（西村天囚・山本忠輔）の報道を伝えたが、続報は「東京発」のものであり、『大阪毎日新聞』の報道は全部「東京発」である。また『萬朝報』は「特派員」の「電報全文」を載せ、続いて詳報を「筋々に」聞き合わせて書いている。

もちろん七月二十五日の段階では、日本政府も朝鮮王宮占領の詳報をまだ知らない。わずかに大鳥公使の第一報（『日本外交文書』第二十七巻第一冊、四一九号文書、「朝鮮国政府ノ回答不満足ナル故王宮ヲ囲ム処置ニ出デタル旨報告ノ件」）が七月二十三日の午後三時七分に到着していただけで、朝鮮政府の回答がはなはだ不満足だったので「やむを得ず王宮を囲むの断然たる処置をとるに至り、本使は七月二十三日早朝にこの手段を施し、朝鮮兵は日本兵に向かって発砲し双方互いに砲撃せり」という情報だけである。

折り返し陸奥外相が「王宮ヲ囲ム処置ニ出デタル理由ヲ問合セ」る電報を送ったが、すでにソウルと東京の電報交信はとぎれており、大鳥公使からの返電は二十七日夜に届いている（『日本外交文書』同右、四二一号文書）。もちろんそこでも王宮占領の具体的報告がなされたわけではない（その電文は本書の二六ページに全文掲載しているので参照されたい）。

このように七月二十五日の時点では、王宮をめぐる情報は「小戦闘が王宮周辺で起こった」ということだけであった。『大阪朝日新聞』の第一報では「朝鮮兵今朝突然北漢山腹の城壁によりて発銃す。我が兵応戦」と言い、また同紙が続報とした『東京日々新聞』の七月二十三日午前十時京城発電報には、「今朝八時韓兵何故か我が哨兵に向い発砲したるにより我が兵一隊は直ちに応戦し、二十分時《（マヽ）》にしてこれを卻《しりぞ》け、殺傷あり、韓兵退いて王城に入り我が兵進みて王城を守る」とある。もっとも、『大阪朝日新聞』が報じる「北漢山腹の城壁に拠りて発銃す」というのもいい加減な報道であることは、本書第二章で詳細に見た戦史草案の記述に照らして明らかであるが。

しかし、とにかくこういう少ない情報量にもかかわらず、『大阪毎日新聞』や『萬朝報』の報道を見れば、かなり「具体的な状況」がこの七月二十五日の紙面に報道されていることがわかる。それは、「韓廷官吏の頑冥」→「最早応接無用」→「大鳥公使護衛兵を率い大院君を護って王城に赴く」→「この一行を閔族指揮の韓兵が要撃、発砲」→「日本兵応戦これを破り王宮守護」→「大鳥公使・大院君無事参内」→「国王大鳥公使の厚意を謝し大院君に改革を一任」という筋書きである。その骨子は「大鳥公使韓兵を破って参内」ということに要約される。

本書第二章で述べたように（六二〜四ページ）、王宮占領と大院君の誘出は不即不離の計画であり、誘出を容易に承諾しない大院君に杉村濬《ふかし》が一札を入れて、大院君が歩兵第十一連隊第六中隊の日本兵に擁されて王宮に入ったのは、午前十一時であった。大鳥公使はそれに次いで王宮に入っているから、正午に近かったであろう。――「大鳥公使が大院君を護衛して云々」というのは、まったくの「作り話」である。

この「作り話」が、新聞のみならず、「錦絵」（色刷りの木版画）として、街頭で売られた。朝鮮への出兵以来、軍事報道は、東京発のものはもちろん、現地からの報道でも、日本政府・軍のきびしい管理下に置かれていた。日本国民の目に入ったのは、そのフィルターを通してのものであった。

当時、日本の言論機関は新聞紙条例をはじめ従来からの諸法律によって統制されていただけでなく、日本軍の朝鮮派兵直後から内務省警保局による軍事に関する記事掲載についての「注意口達」（六月五日）があり、また陸軍省令第九号・海軍省令第三号（共に六月七日）などによりきびしい統制下にあった。『大阪朝日新聞』の前掲記事中の「（以上三電の中、二十三日発のものは皆即日接手したるが直ちに読者に報道するを得ざる次第あり)」とか、同じく前掲『大阪毎日新聞』にある「(右確報陸軍省検閲済)」という記述は、その統制ぶりを示すものである。

しかも、内務省や陸軍省・海軍省などは、単なる統制だけではなく「作り話」を流して情報を操作してもいたのである。ありもしないことをあたかも事実であるかのように報道した七月二十五日の諸新聞の朝鮮王宮占領にかかわる記事は、その情報操作の一つの例である。

もっとも前掲の『萬朝報』が伝えた「廿三日在京城なる我特派員」が送ってきた「容易ならぬ電報」の内容が事実ならば、その情報操作は、内務省や陸軍省・海軍省だけでなく、在朝鮮の日本公使館・日本軍がすでに操作したウソの情報を特派員に流していたことになる。王宮占領の事前計画には、こうした情報操作のことも含まれていた可能性が大きい。

2　一八九四年八月一日の緊急勅令

❖従軍記者の目

朝鮮王宮占領についての七月二十五日の新聞報道は、こうした統制と世論操作のもとにあった。ところが、このような統制と世論操作にも内務省や陸・海軍省など当局者たちが、当初考えなかった落とし穴があった。

当時の新聞には現地に派遣していた特派員の現地報告を連載しているものが多かった。もちろんその記事も右に述べた検閲の網を通してのものであり、当然自主的な伏せ字もあった。しかも、後で述べるように記者たちにも日清の交戦を待ち望む風が強かったから、ことの真相を突くという記事では必ずしもなかった。

しかし、現地にいる記者が見聞して送ってくる記事と、内務省や陸・海軍省などが操作する世論誘導の報道とは、食い違うことが起こり得る可能性があった。

『大阪毎日新聞』の場合、ソウルからの連載記事は「朝鮮乱記」の名で掲載されており、例えば七月二十九日には「京城通信（第廿三報）七月二十三日　春山生」という表題で、七月二十三日の情景が次のように報じられた。（ゴシックは原文では大文字を、文中の〇〇〇は伏せ字を、また傍線部分は傍点を示す。）

戦報　日来《にちらい》京城の風雲はますますその急を告ぐるもののごとく、公使館及び陸軍将校の動静何となく凄然《せいぜん》の趣きを帯び来たり、しこうして我が兵士は明朝牙山《アサン》に向って進発すべしと言い、俄然《がぜん》朝鮮通弁者を三十余名陸軍に雇い入れたりと云い、夜に入りては京城なる第〇〇〇〇第〇〇〇は命令を伝えていわく、「明日午前四時より行軍すべきをもってその準備をせよ」と。又た公使館にては館員一同はもちろんのこと、陸海軍参謀官も午後十二時に至るも退散の模様なく、しきりに韓廷のことを気遣い居る傾きなりしが、果せるかな本日午前四時ごろより我が兵士は王城付近に蝟集《いしゅう》し、午前五時ごろには全く王城を取り囲みたるなり。これ敵は本能寺に在りとの軍略に基づき朝鮮王城を占領せんとしたりしならんか。これより先き大鳥公使は韓廷に向って最後の要求をなせり。しこうして韓廷は昨二十二日午後十二時をもって決答すべき時期なりしにその期に至るも回答をなさず、ようやくにしてその要求に応ずるあたわざる旨を答え来たりしをもって、今は我が兵力を用いる外なしといよいよ王城に入ることとなりたるなり。午前五時四十分我が兵王城の四門より吶喊《とっかん》して入らんとせしに後門に在る朝鮮兵士これを拒みて発砲せしかば、我が兵は心ならずもこれに応じて発砲したり。これと同時に他の三門の兵士は門戸を焼きてこれを破り、およそ二十分時の間にたちまち全く王城を占領し、朝鮮兵一人をもとどめずこれを追い払い、王城は日本兵をもって警護せり。(中略)

我が兵すでに王城を占領せり。続いて王城前の兵営なる親軍壮衛営を砲撃してこれを奪い、朝鮮電信局を監して電報発信の便をはかり、暫時の間に諸般の軍務を理せり。しこうして我が兵の王城内及びその付近を警衛せしものおよそ二大隊にして阿峴《アヒョン》、萬里峴《マンリヒョン》、京城の駐在兵をもって進退をなせしもののごとし。(中略)

午後三時に至り我が兵又た東大門の傍らなる親軍統衛営を襲い、発砲して同所に在る営兵を退けたり。五時ごろ統衛営の右営左営に在る兵士を砲撃してこれを退けたり。(後略)

これに続いて七月二十三日午後七時発「在京城特派員　高木利太」という署名入りの記事がある。「王城進入の時」「王城の護衛と軍器の奪領」「大院君執政を承諾す」「大鳥公使の参宮」「我兵〇〇に進軍す」などの見出しの記事である。これは長文なのでその紹介は割愛する。

しかも彼ら新聞記者は日本軍の出兵およびその行動に積極的に同調していただけでなく、進んで戦意をあおる報道を行なっていたのであって、日本軍の諸行動を批判的に見ていたものはいなかったといってよい。なかにはまるで壮士気取りで、従軍記者というよりもこの機に一役買おうとした記者もいたようだ。

例えば、『大阪朝日新聞』の記者、西村天囚は大院君を連れだすためにその邸《やしき》に向かった岡本柳之助の一行の模様を報じた記事（「入韓日録　三十二」、『大阪朝日新聞』一八九四年八月四日）の中で、「予もまた同じく行かんとす。すなわち馳《は》せて寓居《ぐうきよ》に帰り、結束してしかして起《た》つ。短銃腰に在り、一刀手に在り」という出で立ちで勇んでその一行に加わっている。

だから、従軍記者だからといって、朝鮮王宮占領をはじめとする七月二十三日の日本軍の行動を冷静かつ批判的に報道しようという日本人記者は皆無であったと考えてよい。（ただ、日清戦争時の従軍記者についての研究は今後の課題である。一人ひとりの記者の人物像と、その記事を個別に分析することが必要であろう。）

にもかかわらず、である。現地に居て戦闘の現場を見ていたかどうかはともかく、現地の見聞を報道するとすれば、大なり少なり日本軍の実際の行動に言及せざるを得ないのも、また避けられないことであった。そしてそれは、日清戦争の最初の武力行使であった朝鮮王宮占領についての日本政府・軍の前述した公式報道とは食い違わざるを得なかった。

前掲の七月二十九日『大阪毎日新聞』に載った「京城通信（第廿三報）」の記事は、『日清戦史』

草案の記述に照らして、王宮占領の事実をありのままに伝えているとは到底言えないが、日本政府・日本軍の公式発表として七月二十五日に新聞に報じられた「大鳥公使韓兵を破りて参内《さんだい》す。大鳥公使護衛兵を率いて朝鮮王宮に赴かんとするの途中、朝鮮兵これを砲撃す。我が兵応戦二十分、韓兵を打ち卻《しりぞ》け大鳥公使無事参内したりと言う」という第一報とは大きく食い違っていたのも明らかである。

※「緊急勅令第百三十四号」

この公式発表との矛盾、その食い違いが衆目にふれることを、日本政府・軍は恐れた。一八九四年七月三十一日、時の海軍大臣西郷従道《つぐみち》・内務大臣井上馨《かおる》・陸軍大臣大山巖・外務大臣陸奥宗光は、新聞・雑誌など出版物の事前検閲を実施することの緊急性を訴え、緊急勅令を発する必要を主張し、意見書を内閣に提出した。それはこうした矛盾が明らかになるのを恐れてのことであった。

緊急勅令とは、日本の旧憲法である「大日本帝国憲法」の第八条により、議会の閉会中、緊急の必要によって天皇が法律に代わるものとして発した命令をいう。当時、すでに新聞をはじめ出版物は、出版条例・新聞紙条例のもと、内務大臣の発行停止権・陸海軍両大臣の記事差止権などによってきびしく統制されていたことは前述した通りである。軍事機密はもちろんのこと、軍隊の動向などの記事について、政府が不都合と判断した場合には、容赦なく「発売頒布禁止」の処置がとられていた。

しかし、発行後のこの処置では不十分だというのが四大臣の主張である。その意見書で彼らは、

……いったん軍機軍略などに関する事項を世上に流布したる以上は、その事実を消滅せしむるは到底なし難きことにして……

と言う（『公文類聚第十八編、明治廿七年、巻三十九』所収）。そして注目すべきことに、その根拠として、

現に本月（七月）廿九日発行の萬朝報号外及び大阪毎日新聞の記事、すなわち我より大院君を威嚇的に誘導し、もしくは我より王城に火を放ち、あるいは発砲したるうんぬんと言うがごときは、実に容易ならざる記事に付、停止の処分に及びたりといえども、これまたいったん世上に流布したる以上は、その事実は到底これを消滅せしめ難き儀に付、今日の場合は彼の大津事件におけると同じく別紙緊急勅令を発せられ、新聞紙雑誌及びその他の印

刷物の草案を検閲し、軍隊軍艦の進退又は軍機軍略に関する事項はもちろん、外交上に関し国家の不利益不条理に帰すべき事項はその記載を禁止せんと欲す。いやしくもかくのごとくなるときは一面には新聞紙条例第三十一条の制裁を受け、又一面には緊急勅令の制裁を受くべきものに付、新聞紙雑誌及びその他の印刷物に対し十分取締の目的を達し得べきものと信ず（同右)。

と、閣議を請い、早急な緊急勅令の発布を主張したのである。

「廿九日発行の萬朝報号外」の記事がどんな内容だったかは調べあぐねているが、「大阪毎日新聞の記事」というのは、前掲の「京城通信（第廿三報）七月二十三日　春山生」の記事を指しているものと思われる。七月二十五日、統制・操作の後に新聞に報道された第一報から、一週間も経たないうちに、その記事に疑問をもたせる報道が新聞に載ってしまったのである。西郷従道ら四大臣が慌てた様子が彷彿《ほうふつ》とする。

緊急勅令発布の彼らの意見はすぐ採用された。新聞・雑誌などの出版物の事前検閲を命じた緊急勅令が、翌日、八月一日に「勅令第百三十四号」として公布、即日施行されたのである。

その全文は次の通りである。

外交又は軍事に関する事件を新聞紙雑誌及びその他の出版物に掲載せんとするときは行政庁にその草稿を差し出して許可を受くべし。その許可をなすべき行政庁は内務大臣これを指定す。

前項の命令を犯したるときは、発行人編輯人印刷人もしくは発行者著作者印刷者を一月以上二年以下の軽禁固、又は二十円以上三百円以下の罰金に処す。

本令は数罪倶発《ぐはつ》の例を用いず。

本令は発布の日より施行す。

（国立公文書館所蔵『明治廿七年公文雑纂、内閣一』所収）

❖新聞・雑誌検閲の実際

それでは、この緊急勅令「第百三十四号」で、いったいどのようなことがらが事前検閲の対象となり、またどういう方法で検閲が行なわれたのか。

事前検閲の草稿の提出先は、内務省令第七号で定められた。内務省・北海道庁・各府県庁・島庁、そして北海道庁長官・各府県知事が遠隔地と認めその旨を公布したときは、その地方の所轄警察署が、草稿の提出を受け検閲に当たることになったのである。

外交史料館に『明治廿七年新聞紙検閲一件』というファイルがある。そこにこの緊急勅令による「検閲内規」および「検閲方法」が収められている。検閲の実態を明らかにするため煩《はん》をいとわず紹介することにする。

訓第五七〇号

本年当省令第七号によりそれにおいて新聞雑誌及びその他の印刷物の草案を検閲するには左の標準により取り扱うべし。もっとも右は照準を示したるまでに付き検閲上取捨そのよろしきを失わざるよう注意すべし。

右訓令す。

明治二十七年八月二日

内務大臣伯爵井上馨

検閲内規

陸軍に関し禁止すべき事項。

一　軍用船舶の員数及びその運転に関すること。

但し一、二船舶の員数及び運転のことを記すといえども、我が軍用船舶の総数噸《トン》数及び何の地に向かうや何の目的なるやを推測するに足らざるの類はこの限りに在らず。

二　人馬材料の徴発に関すること。

三　軍用汽車発着の回数、地点、時日。

　但し軍用汽車といえども積載人馬貨物の員数如何を知るに由なきの類はこの限りに在らず。

四　充員下令の時日、地部、兵員集合の遅速。

五　軍需諸品買上高及びその地点。

　但し軍需品買上のこと一小局部にとどまりもしくは物品の数量を記さざるものにして兵員の多寡《たか》を揣摩《しま》するに足らざるの類はこの限りに在らず。

六　兵器材料製作買弁の状況及びその地点。

七　軍事諸機関設置の時日及びその地点。

　但し軍事機関の設置といえども軍機軍略に直接の関係を有せざる例えば中央金櫃《きんき》部既設の類はこの限りに在らず。

八　動員せし軍隊の員数、兵種、隊号。

九　軍隊集合の地点。

十　軍隊乗船上陸の地点。

但し乗船上陸の既往に属し現在将来に関係なきの類はこの限りに在らず。

十一　出征軍隊の兵数、兵種、隊号、指揮官の姓名。

十二　軍隊の運動行進に関すること。

十三　沿岸警備の地区、地点及び守備隊の兵数、兵種及びその隊号。

十四　軍事官衙《かんが》の景況及び武官の動静。

但し軍事官衙の景況及び武官の動静などを記すといえどもその団隊の出征などを卜《ぼく》する価値なきの類はこの限りに在らず。

十五　軍事に関する郵便、電信、及びその他通信に関すること。

但し軍事通信に関すといえども一般の状況のみにして通信中の事項を明記せずもしくは軍用電信新設などのことに関せざるの類はこの限りに在らず。

以上の外、交戦に関し民情を害するがごとき記事。

海軍に関し禁止すべき事項。

一　軍艦及び水雷艇の役務に関すること。

二　軍艦水雷艇及び海軍運送船の員数及びその運転に関すること。

但し一、二船舶を記すといえども（軍艦及び水雷艇を除く）我軍用船舶の総数噸《トン》数及び使用の目的を明記せざるの類又は某日某船某地を通過しもしくは発着などの記事にとどまり（軍艦及び水雷艇を除く）いずれの地に向うやいずれの目的なるやを推測するに足らざるの類はこの限りに在らず。

三　徴発に関すること。

四　兵員の補充に関すること。

五　軍需諸品買上高及びその地点。

（軍需品とは弾薬、石炭、糧食、被服などを言う。）

但し軍需品買上のこと一小局部にとどまりもしくは物品の数量を記さざるものにして兵員の多寡《たか》を推測するに足らざるの類はこの限りに在らず。

六　艦船兵器材料の製作買弁の状況及びその地点。

七　艦隊及び軍隊の編制設置に関すること。

八　艦隊の種別、員数、司令長官以下将校の姓名。

九　軍艦及び水雷艇運送船の碇泊地。

十　軍港要港その他沿岸の守備に関すること。

十一　軍事官衙《かんが》の景況及び武官の動静。

但し軍事官衙の景況及び武官の動静などを記すといえども軍艦軍隊の出征もしくは

その向後運動の如何を卜《ぼく》するに足らざるの類はこの限りに在らず。

十二　海軍所属各製造所に関すること。
但し海軍所属各製造所に関することを記すといえども軍艦軍隊兵器などの勢力多寡精粗などを卜するに足らざるの類はこの限りに在らず。

十三　軍艦及び水雷艇の工事修繕に関すること。

十四　軍艦水雷艇及び運送船の現況。

十五　軍事に関する郵便電信及びその他通信に関すること。
但し軍事通信に関すといえども一般の状況のみにして通信中の事項を明記せずもしくは軍用電信新設などのことに関せざるの類はこの限りに在らず。

十六　水路の測量及び標識に関すること。

十七　海軍所属諸倉庫に関すること。
但し海軍所属の諸倉庫に関することといえども兵器弾薬の種類軍需諸品の数量などを記さざるものにして艦船兵隊の勢力多寡を推測するに足らざるの類はこの限りに在らず。

十八　海軍経費に関すること。
但し海軍経費のことを記すといえども艦船軍隊の運動に関係せざるの類はこの限り

に在らず。

十九　学校艦団体教練の状況に関すること。

以上の外、直接間接に軍機軍略に関係すると思料するもの。

外交に関し禁止すべき事項。

一　すべて外交政略に関する事項。

二　友邦の感情を損うべき事項。

三　外国官吏に対し敬意を欠きたる事項。

なお、八月十一日、検閲内規に次の二項が追加された。

一　鉄道線路の改築、停車場の増築その他兵営付近に仮停車場を設くるなど、もって軍隊行動の準備を揣摩《しま》するに足る記事は一切掲げしめざるを要す。

二　将校以下死傷者の氏名にしていまだ公報あらざるものまた掲げしめざるを要す。

検閲方法

第一　受付

検閲の方法はまず受付掛においてその草稿を受付け帳簿に記入してこれを主任に廻す。これを受付くるときもし草稿に塗抹の部分あれば後日の紛議を避けんがためこれに認印せしむべし。

第二　属検閲掛

主任はその草稿を受取りこれを警保局長もしくは主務省の委員に差出し同時に内規の標準に照らし掲載上の許否に付意見を述ぶべし。

第三　各省委員

主務省の委員は各主任より差出したる草稿を査閲し各主任の意見を裁断しこれに認印をなすべし。

第四　警保局長

警保局長はその主管事務に付各主任より差出したる草稿を査閲し各主任の意見を裁断しこれに認印をなすべし。その他各省の事項に対しては意見を述ぶることを得。

第五　印章

印章は二個を調成して検閲を了えたるものには、

検閲許可

の印を押し又其の中に掲載を許すべからざるものと認めたるものには、

禁掲載
の印を押しその部分を塗抹すべし。
第六　検閲時間
検閲時間は毎日午前十一時より午後八時までとす。
但し日曜日及び大祭日は午前八時より正午十二時までとす。

こうした煩瑣《はんさ》な検閲が、内務省・府県庁、そして地方の警察署でも行なわれたのである。検閲内規は定められていたというものの、このような区々たる機関で統一的な検閲を行なうのは不可能なことであった。検閲内規は勢い拡大解釈され、掲載禁止の処分を受けた記事の内容が、次の日には官報に公然と出るなどのトラブルも起こった。また、居留地で発行される欧字新聞には、まだ不平等条約下の治外法権のため、この勅令は適用できなかった。

こうした「勅令第百三十四号」による事前検閲の矛盾を論難する声が、各紙で相次いだし、またその煩瑣な検閲方法をいつまでも続けるわけにもいかず、同勅令は、同年九月十二日、勅令第百六十七号（明治二十七年九月十三日官報）によって一カ月あまりで廃止された。

しかし、外交史料館所蔵の『明治廿七年新聞紙検閲一件』にある「各新聞、雑誌、通信類検閲日計（廿七年）」によれば、八月二日から九月十二日まで、事前検閲の「項数」は一万七二八

（その他図書数二一九、絵画数二五〇）にのぼり、「全部禁止」は一四五四（一三・六％）、「一部禁止」は一三三三（九・九％）であった。（なお、この「日計」は内務省に提出されたものだけか、全国の合計なのか定かでない。また、「項数」と「全部禁止」「一部禁止」「全部許可」の合計が違っている日もある。なぜ違っているのか、理由はわからない。右の％は、そのことを念頭に置きつつ、単純に「項数」を母数として割り出したものであることを断わっておく。）

この「勅令第百三十四号」を中心とした日清戦争中の日本の公権力による言論統制については、堀口修の論文「日清戦争における言論統制について――特に『勅令第百三十四号』を中心に――」（中央大学『大学院研究年報』第十一号Ⅳ、文学研究科篇、一九八一年）が、すぐれた考察を行なっている。

「勅令第百三十四号」の廃止の意味するところも含めて、堀口の研究に学ぶところが大きい。堀口は論文の結論で次のように述べている。

……この事前検閲制には居留地の欧字新聞問題を典型とする不平等条約を原由にする国家権力行使の不完全さ、或いは検閲そのものの質の不均衡さ等種々の矛盾点を内包していたがために、当局はそれを一ヵ月余で廃止せざるを得なかった。

尤も事前検閲制が廃止されたからといって、政府・軍部の言論界に対する統制が緩和されたというわけではない。彼らは緊急勅令廃止後直ちに「陸軍省令第二十号」と「海軍省令第十三号」を発して、引き続き陸軍大臣と海軍大臣の認可を経たもの以外の軍隊・軍艦の進退と軍機・軍略に関する記事掲載を禁止する一方、当局が事前検閲時に用いていた「検閲内規」を言論界に開示してその遵守を命じ、結局のところ当局が行っていた作業を言論界に行わせて軍事・外交に関する記事掲載を従来通り統制したのである。さらに政府・軍部は『官報』に「戦報」欄を設けて独自の報道手段を持った。（中略）

これに対して言論界はその統制の矛盾点を指摘して抵抗したが、それにも自ずから限界があり、よって彼らの言論活動も当局のしいた統制の枠組みの中でのみしかなし得なかった。

3　教科書に定着した「作り話」

❖政府の言う「正確な報道」とは

一八九四（明治二十七）年九月十二日、勅令百六十七号で、八月一日の勅令百三十四号は廃止されたが、その時、この二つの勅令について、政府が発表した議会への「報告理由書」がある。それには次のように言う。

朝鮮事変の報我邦に達するや浮説流伝紛々《ふんぷん》として起こり、新聞紙雑誌などのごときはあるいは軍機軍略に関する事項までをも掲載するの嫌あるをもって、陸海軍両大臣は新聞紙条例第二十二条により本年六月七日省令をもってその記載を禁止したりといえども、これ単にその記載を禁止するにとどまり草稿の検閲を受けしむるものにあらず。故にもしこれを掲載し世上に流布したる上はその虚報を消滅せしむること甚だ難く、且つ又軍機軍略以外に関する事項のごときはこれが掲載を禁止するの方法なし。そもそもこの非常の事変に際し国家危急の時にあたり国民の一挙一動極めて慎重を要す。軍事の機密に属するものはもとより論なし。戦況のごとき又は外交に関する事項のごときもその秘すべきはこれを秘しその公にすべきは正確にこれを報道し、いやしくも虚構の風説を流伝しもって民心を撹乱《かくらん》し軍事上に国際上の障碍《しょうがい》をなすがごときことあらしむべからざるは論をまたず。これ当時緊急の必要を認め本年八月二日をもって勅令第百三十四号を発布し新聞紙雑誌その他の出版物の外交及び軍事に関する記事はあらかじめその草稿を差出し許可を得せしむることとなしたるゆえんなり。しかるに時日の経過するに従い事物の情態ようよう変更し、最早《もはや》新聞雑誌に対し特別の取締りをなすの必要なきに至りしを認め、すなわち本年九月十三日をもって勅令第百六十七号を発布し、曩《さき》の緊急勅令を廃止せり（前掲、『明治廿七年公文雑纂、内閣一』より）。

戦争報道は、先の朝鮮王宮占領にかかわる『大阪毎日新聞』の記事を含め、多かれ少なかれ歪曲されていた。すでに六月七日の陸・海軍省令で、報道が規制されていただけでなく、特派員たちは現地でも日本公使館・現地軍隊の統制下に置かれており、また彼ら自身も朝鮮人や中国人へのあらわな敵意を持つものが多かったから、客観的で正確な報道など、もとより望むべくもなかったというのが実情であろう。

にもかかわらず、前述したように特派員の見聞は、政府・軍部の「公式発表」と矛盾することも起こり得たのであって、いったん新聞・雑誌の紙上にその記事が現れてしまうと、いくら発売禁止の処分を行なっても後の祭りで、それを消滅させることがむずかしい、というので事前検閲の制度を敷いたのが緊急勅令第百三十四号であった。

そして前掲の「検閲内規」に見られたように、進行中の軍事行動・外交問題などについては、客観的な報道はまったく禁止されることになった。「その公にすべきは正確にこれを報道し、いやしくも虚構の風説を流伝しもって民心を撹乱し軍事上に国際上の障碍をなすがごときことあらしむべからざるは論をまたず」というとき、その報道は日本政府・軍の「お手盛り報道」になったことは当然の結果である。

また、戦争報道自体も、軍機軍略にかかわらないいわゆる「戦争美談」の類に傾かざるを得なかったのである。

❖告発の一例

しかも、「検閲内規」は拡大解釈され、軍機軍略や外交問題にとどまらず、取締りの対象とされたものが少なくない。外交史料館所蔵の前掲『明治廿七年新聞紙検閲一件』に収められている興味ある資料を紹介しよう。

一八九四（明治二十七）年八月十二日『中央新聞』に載った「上海別報」という記事を告発する文書で、その記事の全文が筆写されている。

要告発

廿七年八月十二日中央新聞

上海別報（八月四日楽善堂発）

日本すでに宣戦公布なりしより総領事館は去る二日より全く日章旗を撤去し、我々は米国領事の保護の下に相い立ち候。

日本人の帰国せしものはいまだ百人位に過ぎざれども、なお三、四百人は引揚ぐるならんと存じ、虹口《ホンキユウ》辺にては毎日平均四、五人位ずつは支那人より老拳の御見舞をこおむり負傷する者また尠《すく》なからず。又過日来日本商店に使役せられ居るボーイが捕拿《ほだ》せられ、日華洋行支店の伴類《ばんるい》日人は数百人の流民に攻撃せられ、いずれも気絶すること数回。

宣戦布告前に在りても支那電信局は日本人の北方へ発電するものは一切取り計らい方引き受けず、肝腎《かんじん》なる公使館あての宣戦布告及び上海まで引揚げの通知をいかにしても取り扱わざる由にて領事もほとんど閉口し、最後の手段としてしからば日本に居残る支那人を皆殺しにすべしと掛け合いたる趣にて、これには電信局も持て余したりと見え難なく取り扱いくれたる由。

今度の戦争は余程長引くべく、支那は非常の持長策に出て兵糧攻めにするの覚悟にて、第一上海の税関にては羊、玉子、米など食物の輸出を一切禁止し、又進みて麻、綿花の輸出をも禁ぜしより察すれば、日本人の手に金のはいる洋傘、シャボン、その他の雑貨、及び海産物の輸入などに至るまで差止め、金銭にて日本を困らせるならんと言う。

支那人一般の激昂《げつこう》は予想外にして、十年前の清仏《しんふつ》戦争の時などとはくらべものにならず、時運のしからしむる所とは申しながら感心のことなり。
招商局の船は最早航通せず、それぞれ各港中に畏縮《いしゆく》致し居るが貨物の運送その他商売上莫大《ばくだい》の影響を来《きた》し、上海の不景気驚き入りたり。米も一時に騰貴し災民の困難は日本人と同様ならんと言う。

この記事が前掲の「検閲内規」に抵触するとは思われないが、清仏戦争時と対比して中国人の激昂ぶりなどが書かれているのが、告発の理由になったのだろうか。

それから四十三年後、日本軍によってあの「南京大虐殺」が引き起こされている。その南京攻略日本軍の最高責任者であった松井石根《いわね》陸軍大将は、南京を守っていた中国人兵士を「督戦隊に強要され、戦争の意義など判らず、牛馬のように死んでいった極めて憐れむべき人間共だ。……」と語っていたと言う（飯田進『魂鎮《たましずめ》への道』不二出版、一九九七年、一七七ページ）。

中国人の民族的動向を報じた新聞記事を告発した日清戦争当時の日本の公権力のものの考え方が、後遺症として日本の軍人を毒した一例と言える。

❖天皇にも曖昧報告―千代田史料の記述

前掲した「勅令百三十四号」の結果、「正確な報道」とは、日本政府・軍の「お手盛り報道」

にならざるを得なかったことを述べた。その「お手盛り報道」は、天皇をも欺《あざむ》くことがあった。

防衛庁防衛研究所の図書館には、「千代田史料」という一群の資料がある。同史料各簿冊の表紙裏には防衛研究所戦史部部長土谷一郎による一九八八（昭和六十三）年二月に書かれた「千代田史料経歴抄」が添付されている。それによると「千代田史料は、明治大帝の御手許に上った日清・日露戦争の前後における上奏書類、記録及び献上の図書類等の一群であるが、これ等はたまたま昭和初期に侍従職から図書寮に移蔵されていたため、終戦時の焼却処分を免れ、宮中に残存した唯一の軍事記録類である。その後、書陵部では収蔵記録の大整理を断行され、これ等は防衛庁で永久保存することが適当と認められた結果、昭和三十四年二月寄贈形式（宮内庁書陵部第五十二号）を以て、戦史部に移管されたものである。戦史部では、これ等を千代田史料を呼称している」という。

同史料中には朝鮮王宮占領に直接かかわった第五師団歩兵第九旅団司令部の陣中日誌などが収められている。『明治二十七八年役第五師団陣中日誌巻二。一　歩兵第九旅団司令部』（請求記号：千代田史料65）がそれである。これは前線から日報的に送られてきた陣中日誌を日を追って系統的にまとめ、しかも活字印刷して、天皇の閲覧に供したものである。

防衛研究所図書館には、この「千代田史料」として印刷されるもとになった前線から送られてきた陣中日誌の原本やそれを浄書したものも収蔵されている（『従明治二十七年六月至同年九月

混成第九旅団第五師団報告』、請求記号：大本営・日清戦争雑・M27―15・127。『明治廿七年　日清朝事件　第五師団　混成旅団報告綴』、請求記号：陸軍省・日清戦役・M27―9・110）。

史料的には戦地で鉛筆書きされた報告の原本が第一次史料としての価値を持つ。この鉛筆書きされた報告原本と活字印刷された「千代田史料」を比較することによって、前線からの報告が天皇にどう伝えられたかを知ることができる。日清戦争の研究では、こうした基礎的な史料批判がなお今後の研究課題の一つであることを指摘しておきたい。

ところで、朝鮮王宮占領にかかわって、こうした史料批判を試みてみると、興味ある事実を見つけることができる。その一例を挙げる。

朝鮮王宮占領は、一八九四（明治二十七）年七月二十日午後一時、在朝鮮の日本公使館から本野一郎参事官が第五師団混成旅団大島義昌旅団長を訪ねて提案したことは、本書第二章で述べたとおりである（四三～四ページ参照）。

そのときの提案の内容を含めて、同日、大島義昌旅団長から参謀総長熾仁《たるひと》親王あてに報告が送られている。それは次の通りである。

七月廿日

一　午後四時には各隊長を集め明廿一日よりする行軍のため諭示を与うべき目的をもって

すでに各隊長に会合を命じたる後、午後一時ごろ公使の命を帯び本野外務参事官来営、公使の旨を伝うること大要左のごとし。

1　朝鮮政府強硬に傾き本日我が公使に退兵を請求せり。よって我がすべての要求を拒絶したるものと見なし断然の処置に出ることに決す。

2　すなわち二日間を期し清国の借来兵を撤回せしむべしと要求したり。

3　もし二日間に確然たる回答無ければなお一大隊入京せしめられたし。

4　それにても行かざれば王城を囲む。

5　王城を囲みたる後は大院君日本人若干名を率い入闕《にゅうけつ》するはず。(確かなりやと問われしに確かなりと言えり。)

6　大院君入闕の上朝鮮兵力にて支那兵を撃つことあたわざれば帝国軍隊をもってこれを一撃のもとに打ち払う。

7　よって昨日御協議せし牙山《アサン》行はしばし見合せられたし。

本処置は名正しく事後には旅団の運動に至大の便利を与うべき見込あるをもって、小官はこれに同意を表したり。

本野参事官去る後三十分大本営電報命令第三二号を受領したり。

一　本命令によりて小官に与えられたる任務を果さんとするためには勢い一刻も速《すみやか》に朝鮮

政府の向背を決せしめざるべからず。よって小官は明日公使に協議し、第三項すなわちもし二日間に確然たる回答無ければなお一大隊を入京せしむるとの示威的運動をやめ、短兵急に王城を囲むの策に出ることを勧めんとす。いかに速《すみやか》に処置するも廿四日、もしくは廿五日までを要すべき見込なり。すなわち我が艦隊豊島《プンド》付近に到着する即日、もしくは翌日には後顧の患《わずらい》無く兵を南(もしくは北)進せしむるを得べき見込なり。

二　しかる後は公使よりの協議あるに従い支那増加兵を出すの景況いかんにかかわらず、朝鮮の独立を助くるの大義をもって、牙山の清兵を攻撃のために旅団の首力をひっさげて出発することあるやも知るべからず。

右、謹んで報告つかまつり候也。

七月廿日午後十時

混成旅団長大島義昌

参謀総長熾仁親王殿

(『従明治二十七年六月至同年九月　混成第九旅団第五師団報告』所収、「混成旅団秘報」より)

「千代田史料」は、旅団長の報告類はもとよりその他の情報をも合わせて、全体としては非常に詳細なものとなっている。しかし、他方、きわめて簡略化されているところもある。その一つが右の七月廿日の大島義昌旅団長から参謀総長熾仁親王あての報告に該当する部分の「千代田史料」の叙述である。それは、次のようになっている。

> 午後二時本野参事官来団公使の密旨を伝う。よってまず昨日の決心を実施することを見合す。午後四時十五分大本営へ報第一号を報告す。その要旨公使と協議の上明晩より牙山に向うの計画なりしに、朝鮮の意向にわかに変り兵力を要すること二日の後は多分あるべきとのことに付き、まず南進は見合せたり。この後公使との協議により支那兵増加の景況あるなしにかかわらず牙山に向うこととなるやも計られず（『明治二十七八年役第五師団陣中日誌巻二。一　歩兵第九旅団司令部』一〇八ページ。傍線は中塚）。

ご覧のように、本野参事官の提案、前述の1〜7は、たったの五文字、「密旨を伝う」と書かれているだけである。しかもその後の兵力使用のことについても、朝鮮王宮への示威的運動や王宮を囲むうんぬんのことはおくびにも出さないように、「朝鮮の意向にわかに変り兵力を要すること二日の後は多分あるべきとのことに付き」と極めて曖昧に記述しているに過ぎない。

つまり朝鮮王宮占領について、天皇には事前の日本公使館との協議など、正確な事実は知らせなかったのである。

明治天皇は日清戦争の開戦前後には、戦争の帰趨について確信が持てなかったのか、かなり動揺しており、外交上の問題についても徳大寺實則《さねつね》侍従長を通じて、何度か陸奥外相に質問を発している（中塚明『「蹇蹇録」の世界』、みすず書房、一九九二年、第二章参照）。

朝鮮王宮占領にかかわっても、その第一報（「朝鮮国政府ノ回答不満足ナル故王宮ヲ囲ム処置ニ出デタル旨報告ノ件」との大鳥公使からの第一報。本書、二五ページ参照）が届いた直後に――その電報はすぐ上奏された――早速、陸奥外相への問い合わせを徳大寺にさせている。

……陳者《のぶれば》韓宮を囲み、大院君を推出し、内政を改革する条件は、最初の提議に候や、又は乙案に候や、大鳥公使の意見閣下へ申し来り候や、御尋ねに御座候、果して申し来りこれあり候はば、閣下御答振りも御申上げ相い成りたく、大院君を出し改正するならば、最初提議を成り立たせしむる様ありたきものとおぼしめされ候、右早々御問い合せ候、……（渡辺幾治郎『日清・日露戦争史話』、千倉書房、一九三七年、一五〇ページ）。

文中、乙案とあるのは七月十日付、大鳥公使から陸奥外相宛「朝鮮内政改革ノ勧告拒絶セラレタル時我ガ執《と》ルベキ手段ニ付伺《うかがい》ノ件」（『日本外交文書』第二十七巻、第一冊、三九八号文書）にある乙案（清韓宗属関係の否定と、清朝中国へ与えた特権を日本へも認めることを要求する）のことであろう。

この書簡からは、天皇が朝鮮王宮占領に賛成しているのか、反対しているのか、それとも起こったことを承認した上で、質問しているのか、はっきりしないが、天皇が朝鮮王宮占領について事前に承知しておれば、こうした質問はなかったはずである。

前掲「千代田史料」の記述は、朝鮮王宮占領計画を事前に知っていた者は、在朝鮮日本公使館や混成旅団の一部の幹部に限られ、天皇も承知していなかったことを裏書きしている。そればかりか、事後の報告でも天皇に曖昧なことを伝えていたのである。

もちろんこう言ったからとて、天皇がだまされていたとか、まして「客観的事実として、それぞれの家には家の伝統があるように、皇室の伝統は、明治以来、大日本帝国の時代を通じても、一貫して平和主義であらせられるように拝察する」（岡崎久彦『陸奥宗光』下、ＰＨＰ研究所、一九八八年、二八四ページ）などということにはならない。

天皇は、政治・軍事について疑問があれば、それを糾明する権限を持っていたし、また戦争の勝利が続くに従って積極的にそれを指導し、山海関付近まで大本営を進めて陣頭指揮しようとしたり、三国干渉のあと、遼東半島をいったん返しても、「遠からず朝鮮よりか又はどこかより再戦の期来るべく、その時に取りてもよろしかるべし」(津田茂麿『明治聖上と臣高行』九一〇ページ。また中塚『「蹇蹇録」の世界』第二章、参照)などと言ったりしていたのである。これが「客観的事実」であることを忘れてはならない。

❖作られた「国民的常識」

日清戦争を経て、歴史の偽造、とりわけ朝鮮や中国への侵略にかかわる具体的な事実を抹消したり、曖昧な「作り話」に変えることが日本では常態化した。

日清戦争が終わった翌年、この戦争で日本軍がどれほどよく「文明交戦の条規に準拠」したか、国際法をよく守ったかを、ヨーロッパの国際法学者に伝えようと、パリでフランス語版を出版した(その後、日本語に翻訳)有賀長雄の『日清戦役国際法論』(陸軍大学校、一八九六年)でも、この朝鮮王宮占領にまつわる記述は次の通りであった。

大鳥公使は朝鮮政府に対しその独立国たるに恥ぢざる体面を全うするために、第一着に牙山に屯在する清国の軍隊を国外に退かしめんことを要求したり、しこうして朝鮮政府は優柔不断にして幾回も決答の期日を誤りたるにより、日本公使は兵員を率いて王宮に入り決断を促したり、しかるに韓兵は公使の兵員を襲いたりしかばすなわち撃ってこれを却けたり、これ七月二十三日のことなり（三一～二ページ）。

先に紹介した『日清戦史』草案の記述に照らして、有賀が事実をゆがめて書いていることは明らかである。ここでも朝鮮王宮占領の正当化はできなかったのである。もし、有賀が朝鮮王宮占領の計画から実施までの経緯を知らなかったのであれば、知らないことによって、彼には「虚偽」が「事実」として確信されていたことになる。

職業軍人、とりわけその指導的幹部を教育した陸軍大学校での日清戦史の講義録でも、朝鮮王宮占領については《公刊戦史》を踏襲しているものばかりである。真相にもとづいて、事件の意味を問うものはない。

日露戦争を前にした一九〇三（明治三十六）年、義務教育において初めての国定教科書が作られた。その文部省著作『小学日本歴史』二の最後が日清戦争の記述である。

当時の義務教育で日本のこどもたちが、どういうように教えられたかを知るために、少々長いが紹介しておこう。（当時の小学生がどんな文章を読んでいたのかを知るのに、ここではルビを含めて原文のまま引用しておく。）

第十七　明治二十七八年戦役

明治八年、わが軍艦、朝鮮の江華島《コーカトー》の附近にいたり、その守兵のために、不意に砲撃《ほーげき》せられしかば、わが兵、これと戦ひて、つひに砲台《ほーだい》を陥《おとしい》れたり。かくて、わが國は、黒田清隆《クロダキヨタカ》、井上馨《ヰノウヘカヲル》をつかはし、朝鮮と談判して、その罪を謝せしめ、つひに、これと修好《しゅーこー》條約を結びたり。しかるに、また、十五年にいたり、朝鮮に暴徒《ぼーと》おこりて、わが公使館《こーしかん》を焼けり。わが政府は、すなはち公使花房義質《ハナブサヨシタダ》をして、その罪をせめ、償金を出さしめて、事をさまれり。

この頃、朝鮮には獨立《どくりつ》、事大《じだい》の両黨ありき。獨立黨は、わが國にならひて、政治を改革《かいかく》せんとし、事大黨は、保守《ほしゅ》を喜びて、清國にたよらんとし、たがひに、争ひき。かくて、十七年に、獨立黨まづ、おこりて、政権を、握《にぎ》りしが、清兵は、事大黨を助けて、これを破り、つひに、また、公使館を焼けり。よりて、政府は井上馨をつかはして、朝鮮政府に談判せしめ、ふたたび、償金を出して、その罪を謝せしめたり。しかるに、この事は、もと、清國とも関係あるものなりしかば、わが國は、伊藤博文をつかはし、李鴻章《リコーショー》と天津《テンシン》に會して、爾来《じらい》、両國とも、朝鮮に兵をとどむることをやめ、もし、必要あらば、たがひに、あひ通知したる後に、出兵すべしと約せり。これを天津條約といふ。

その後、明治二十七年、朝鮮に東学黨《とーがくとー》の乱おこりき。その勢、盛なりければ、清國は属國《ぞっこく》の難《なん》を救《すく》ふと稱し、天津條約にそむきて、ほしいままに、兵を牙山《ガザン》に送りき。よりて、わが國も、また、公使館《こーしかん》とわが居留民《きよりゆーみん》との保護《ほご》のために、兵を朝鮮に出せり。かくて同年七月、わが軍艦、豊島沖《ホートーオキ》にて、清艦に要撃《よーげき》せられ、ここに、はじめて、海戦を開けり。ついで、陸軍も、また清兵と、成歓《セイカン》、牙山に戦へり。ここにおいて、八月、天皇宣戦《せんせん》の詔を下したまひ、盛に、清國征討の軍を發したまへり。

これより、わが軍は、平壌、黄海《コーカイ》、旅順口《リョジュンコー》、威海衛《イカイエイ》など、陸に、海に、いたるところ、大勝利を得、進みて、帝都北京《ペキン》に迫らんとせり。ここにおいて、清國、大いに、恐れ、李鴻章をわが國につかはして、和を請はしめたり。かくて明治二十八年四月、下關條約によりて、清國は、つひに、朝鮮の獨立を認め、遼東《リョートー》半島と臺灣、澎湖島とを、わが國にゆづり、また、貿易港を開き、償金二億兩《テール》を出すべきことを約し、兩國の和、ここに成れり。

しかるに、その後、わが國は、ロシア、フランス、ドイツ三國のすすめによりて、遼東半島を返し、その代《かはり》として、さらに三千萬兩を受取れり。臺灣には、また、心得ちがひのものありて、わが國に従ふを拒《こば》みしかば、朝廷、北白川宮能久親王《キタシラカハノミヤヨシヒサ》をして、これを平げしめたまへり。

この戦役の勝利によりて、わが國威、大いに、あがり、よく、西洋諸国をして、わが國の真價《しんか》を知らしむるを得たり。ついで、三十三年、清国に暴徒《ぼーと》おこり、北京《ペキン》にある外国の公使館をかこみし時にも、わが国は、ことに大功をあらはし、諸外国をして、ますます、その重きを知らしめたり。

以後、国定教科書は五回の改定を経たが、天皇制下の日本では、日本の朝鮮や中国への侵略の事実はもちろんのこと、他方、朝鮮や中国における自主的な民族運動などについて、その萌芽的な事実さえも教えられることは絶えてなく、かえって日清戦争をはじめとした戦争の正当化が天皇の威光と結びつけられて、いっそう声高に教育の場で語られるようになった。学校教育をはじめあらゆるところで、虚構にもとづく「作り話」だけが「国民的常識」になったのである。

こうして日本国民を歴史の事実から遠ざけただけではなく、政治・軍事の指導者たち自身も、客観的な事実とその推移から政策決定を行なう、その根拠を失っていったのである。

第五章 生きつづける歴史の偽造

――「日清・日露戦争では日本軍は国際法をよく守った」は本当か

1　「武士道の発露」か

❖考察は「ロング・メモリー」で

さて、日清戦争後、日本の国定教科書は、この戦争によって「国威大いにあがり、よく西洋諸国をしてわが国の真価を知らしめるを得たり」と書いて、それが「国民的常識」となったのであるが、ところが日清戦争勝利の後、ちょうど五十年にして、日本は第二次世界大戦で惨たんたる敗北を迎える。

わずか半世紀にして日本はなぜアジア・太平洋戦争で敗北することになったのか、敗戦五十年の意味を、一九四一年十二月からの狭義の「太平洋戦争」の問題として考えるのか、さかのぼって一九三一年の満州事変以後を問題とするのか、それとも日清・日露戦争、さらに日本の近代化の初め、明治初年にまでさかのぼって考えるのか、日本人の歴史認識にかかわる問題であると思う。私見では、この問題を考察するには近視眼的であってはならず、「ロング・メモリー」が必要であると考える。日清・日露戦争と一九四五年の敗北は、けっして無関係ではないのである。

第二次世界大戦の敗北後、日本では「アメリカと戦ったのはまずかったが、日清・日露戦争まではよかった」という歴史観が、一貫して広められてきた。太平洋戦争の戦争責任について議論する場合でも、その主要な責任は日本の軍部、とりわけ陸軍にあり、その軍人たちが、〝偉大であった明治の先達の仕事を台無しにしてしまった〟と考える人は多い。

昭和天皇の『独白』をめぐる諸問題を分析した吉田裕の好著、『昭和天皇の終戦史』(岩波新書、一九九二年)で、吉田は戦後の日本人の歴史認識の問題点を次のように指摘している。

……わたしたち日本人は、あまりにも安易に次のような歴史認識に寄りかかりながら、戦後史を生きてきたといえるだろう。すなわち、一方の極に常に軍刀をガチャつかせながら威圧をくわえる粗野で粗暴な軍人を置き、他方の極には国家の前途を憂慮して苦悩するリベラルで合理主義的なシビリアンを置くような歴史認識、そして、良心的ではあるが政治的には非力である後者の人々が、軍人グループに力でもってねじ伏せられていくなかで、戦争への道が準備されていったとするような歴史認識である。そして、その際、多くの人々は、後者のグループに自己の心情を仮託することによって、戦争責任や加害責任という苦い現実を飲みくだす、いわば「糖衣」としてきた（二四〇ページ）。

この吉田の指摘に私も基本的に賛成である。こうした歴史認識は、ひとり天皇や彼の側近、そして日本の保守政治家たちだけのものではない。アジア・太平洋戦争の戦争責任を追及している人たちにさえ、これと似かよった認識があるのにしばしば出会う。

❖太平洋戦争の責任を問う人たちにも

最後の戦争世代から、太平洋戦争の戦争責任を多面的に追及した若槻泰雄の『日本の戦争責任』上・下（原書房、一九九五年）、また自らBC級戦犯となり、苦難の体験のなかから太平洋戦争の戦争責任をきびしく問うた飯田進の『魂鎮《たましずめ》への道』（不二出版、一九九七年）、いずれも、今日の若い世代の日本人に、是非、読んでほしいと思う著作である。しかし、この両者でも、日清・日露戦争のころの日本軍については、国際法を遵守した世界に模範的な軍隊であったと主張されている。

若槻は、

日露戦争および第一次世界大戦の日独戦争（青島攻略戦）においては、日本軍は戦時国際法の優等生だったといわれる。国際法学者信夫《しのぶ》淳平によれば、日本軍は「日清、日露の両戦争には、国際法学者を従軍させ、各国は「日本のこの先例にならうべし」と賞賛し、特に「捕虜の人道的取扱い振りは欧米諸国の真に驚嘆したる所で、泰西（西洋）国際法学者はほとんどあげて、わが日本をば国際法を忠実に遵守する点において世界に冠たるものと称賛した」とある。一九〇〇年の北清事変におけるヨーロッパ諸国の軍隊のはなはだしい狼藉ぶりに反し、日本軍の行動が世界的称賛を博したことも著名な事実であろう(上、一二七ページ)。

と書いている。典拠にしているのは信夫淳平『戦時国際法提要』上（照林堂、一九四三年）、長谷川伸『日本捕虜志』上（中公文庫、一九七九年）である。

また言う。

日露開戦を前に、山本権兵衛海相が各艦隊司令長官、司令官に対し「我が軍隊の行動は、常に人道を逸するが如きことなく、終始光輝ある文明の代表者として恥ずるところなきを……」と訓電を発し、また陸軍では、参謀本部が浩瀚《こうかん》な『日露戦史』の末尾に自賛し、「文明の準縄《じゅんじょう》（規則）を逸せず……人道に遵《した》がい正義を押え……」と記しているのと比べると、外国人ならずとも、昭和の日本軍は明治のそれとはまったく〝違う国〟の軍隊という気がしてきても不思議ではあるまい（上、一四三ページ）。

典拠は、児島襄『日露戦争』（文藝春秋、一九九〇年）、参謀本部編『日露戦史』（東京偕行社、一九一五年）である。

『魂鎮への道』の著者、飯田進も次のように言っている。

ひじょうに縮めていえば、日清・日露の戦いまでは王道をいく王師であったと思います。明治の初期のころ、清国はとてつもなく強大な国でした。定遠・定鎮《（ママ）》という当時としては超弩《ど》級の戦艦を持ち、日本を威圧していました。朝鮮半島の帰趨が絡《から》んでいましたが、歴史的に見て、これは日本の防衛戦であったと思います。

その次が日露戦争ですが、これもまた明らかに防衛戦争でした。ロシアの物凄い領土拡張政策、とくに不凍港を求めた極東進出は、明治維新後まもない日本を震撼《しんかん》させたのでした。ロシアは親善の名の下に、極東艦隊を日本に差し向けて威圧したのです。

日本の命運は危殆《きたい》に瀕していました。そして戦争が始まりました。日本軍が奉天の会戦に勝ち、世界でもっとも強大を誇っていたバルチック艦隊を壊滅させたことは誰でも知っていますね。
あえてこのことに触れたのは、そのときまでの日本の戦いは、それこそ自衛のためのやむにやまれぬ戦いであったということです。すなわちそれは、王道でした。(中略)
そして正義は、往々にして弱小の国に宿るものです。ぼくはまだ生まれていませんでしたが、当時の日本軍の軍規は、もっとも厳正であったと伝えられています。例外はあったかもしれませんが、敵の捕虜の取り扱いについても、大変温情的だったようです。旅順攻略にあたった乃木将軍とステッセル将軍の会見などのエピソードは、その象徴的な出来事といってよいでしょう。
しかしそれ以後、日本軍は変質しました。そうとしか考えられないのです。両大国に勝利した日本に神話がうまれました。無敵皇軍の神話です。(二一七〜二一八ページ)

私も、日清・日露戦争当時と、満州事変以後の中国との戦争、また狭い意味での太平洋戦争の時期の日本軍が、同じであったと思わない。あの南京大虐殺の責任を問われて、絞首刑に処せられた松井石根《いわね》大将が、処刑の直前、教悔師花山信勝に語った言葉を飯田は紹介している。松井が南京入城直後、軍司令官を集めて「軍総司令官として泣いて怒った——その時は朝香宮も柳川司令官も一緒にいたが——折角皇威を輝かしたのに、あの兵の暴力によって一挙にそれを落としてしまった、と。ところがこのあとで皆が笑った。甚だしいのはある師団長の如きは、『当たり前ですよ』とさえ言った」（一七八ページ）と。この松井の話が事実とすれば、なるほど日清・日露戦争当時の日本軍に、このような師団長はいなかったであろうとは、私も思う。

しかし、若槻や飯田の右のような見解は、残念ながらきわめて一面的であることは否めない。参謀本部の『日露戦史』の記述をもって、日本軍が「文明の準縄（規則）を逸せず……」と言っても論証にならない。そのことは、第三章で紹介した当の参謀本部の「日露戦史編纂綱領」から見ても明らかではないか。

むしろ、日清戦争中の日本軍による朝鮮の抗日闘争の討伐（後述、第六章の3参照）、旅順の虐殺事件（大谷正『近代日本の対外宣伝』、研文出版、一九九四年、参照）、さらに一九〇〇（明治三十三）年の中国における義和団鎮圧戦争（いわゆる北清事変）での日本軍も例外ではなかったすさまじい掠奪（それは山口素臣第五師団長らまでもが検察・憲兵の強制捜査を受けたほどのものであった。小林一美『義和団戦争と明治国家』、汲古書院、一九八六年、参照）などの事実を忘れなければ、南京大虐殺をさかのぼる四十年ばかり前の日清戦争・義和団鎮圧戦争の時期に、すでに明らかにそのさきがけがあったことを知るべきだろう。

しかし歴史家でない両著者を責めることが私の本意ではない。ことほどさように、満州事変以後の日本の侵略について、きわめて厳しく戦争責任を問う人たちの間にさえ、右に述べたような日清・日露戦争の評価があることをお互いに知っておくことが大切である。ましていわんや、いまなお満州事変以後の日本の行動を「自衛」の名のもとに正当化しようとする人々においておや、である。

❖朝鮮や中国の民族的覚醒を見失う

このように「日清・日露戦争のころまでは、日本はよく国際法を守った」という声は、この日本で今日まであとを断たない。断たないばかりかいっそう声高になってさえいる。司馬遼太郎が亡くなり、「司馬史観」賛美の声がひときわ高いが、それもその一つの現れである。

明治維新によって近代化の扉を開いた若き群像、彼我の実力を知って日露戦争を戦った指導者。いずれも、ドグマで裁断されず、共感をこめて活写された。だれもがさわやかな快男児で、抑制のきいた美しい「侍の倫理」と「合理的精神」の持主として描かれた。

つまり、司馬さんは「太平洋戦争の否定」から出発して「明治の肯定」に至った。暗黒史観とは対照的だ。おかげで、私たちは、明治の近代化とともに背負わされた〈原罪〉――生まれつきの侵略国家観――から解放された（《歴史万華鏡》岡本健一「『司馬史観』再考――『近代化の原罪』から解放」、毎日新聞、一九九六年三月二日）。

と、新聞はほめたたえ、「良き時代、明治」への讃歌を奏でてやまない。こうした「司馬讃歌」が、司馬のすべてであると言えば、それはそうではないだろう。

一九八〇（昭和五十五）年十一月三日、韓国戒厳高等軍法会議が金大中《キムデジュン》元大統領候補に死刑判決を言い渡したのを受け、司馬は翌日の『朝日新聞』紙上で、李朝五〇〇年は儒教の密度が実に高く、一方で貨幣経済がゼロといってよい時代だった、だから貨幣経済がもたらす冷静な合理主義や人間を個別に見る態度が育たず、金大中が殺されかかっているのも、こうした歴史的な政治土壌とどこかかかわっているように思われると書いた。司馬は金大中の死刑判決が執行されないことを望んではいたが、しかし彼がここで書いた「貨幣経済ゼロ」などという朝鮮史像は、第二次世界大戦後の朝鮮史研究の成果を無視した、日本の植民地時代に形成された朝鮮の停滞論や落伍論から抜け出ないものであった。

しかし、一方、司馬は生前、在日韓国・朝鮮人との交遊も深かった。そして一九八〇年代を通して、朝鮮史研究の成果にも影響を受けて、李朝時代にも開化思想や実学の発展があったことなど理解するようにはなっていた。

それでも、司馬には李氏朝鮮の停滞と腐敗に対比して、日本の「明治賛美」がいちじるしい。とりわけ司馬死後、日本のジャーナリズムが、荒っぽく一面的に「司馬讃歌」を喧伝するとき、

「明治賛美」の対極にある朝鮮や中国への侵略の事実、そしてその侵略に抗した朝鮮や中国の民族的覚醒の歴史は日本人の視野にはまったく登場しないという「効果」を発揮することになる。

こうした日本の現代思想の動向は、日清・日露戦争の勝利の陰で、日本が朝鮮や中国に対して何をしたのか、そして朝鮮や中国では、この侵略と敗北のなかから何が起こり始めたのかを、いま一度、おしかくす役割を果たしているのである。

戦争による領土の併合も正当化された日清・日露戦争の時代、「韓国併合」にいたる時期に、〝抑制のきいた美しい「侍の倫理」〟とは、いったいどういうことなのか。

日本の行動にたいする抑制ないし制限としては、他の帝国主義列強、とりわけイギリスやアメリカと衝突する恐れからくるものしか認められないのが、歴史の事実ではないか。朝鮮政府や人民にたいする行動に、政策的、あるいは人間的な苦悩や、道徳的反省の念を、日本政府や軍の記録から読みとることはむずかしい。

2　国際法違反や非合理的思想は満州事変以後、突然に起こったのか

❖日清開戦直後に「太平洋戦争に連なる構想」

生物の世界における突然変異にしても、遺伝子の量的または質的な変化によって起こる。まして人間のつくり出す歴史の営みでは、ある時に、前の時代とかかわりなく、突然、白が黒になるということはあり得ない。

日本が中国の東北にとどまらず、中国全土に戦場を広げ、さらに東南アジアや太平洋上の島々にまで戦線を拡大し、その地域の諸民族及び他の帝国主義諸国との対立を深め、自軍の補給もほとんどできないまま、惨たんたる敗北を喫した、その戦略の非合理性はどこから生まれたのか。この問題の解明には、もちろん多面的な分析が必要である。しかし、この非合理な戦略にも、歴史的な淵源《えんげん》は当然あるのである。

福島県立図書館「佐藤文庫」に残された四十二冊の『日清戦史』草案を読んでいると、早く

も日清開戦直後に、この「太平洋戦争に連なる構想」が見られる。

草案のなかに、『第十六編第七十二章第二草案』というのがある。「第七十二章　南方作戦に関する大本営の決心及びその兵力」と題された草案がそれである。その冒頭部分に次のような記述がある。

日本大本営が南方作戦の必要を感じたるはけだし一朝一夕のことにあらず。この議早くすでに二十七年八月九日の陸海軍参謀会議において本冬季間の作戦大方針を議するに当たり、〔会議の要旨は「季節許さざるが故にたとい海戦勝利を得るも作戦大方針第二期の作戦は、明年氷雪融解の期まで延期し、本年においてはまず大方針乙の場合におけるごとく、朝鮮半島へ後続師団を送り敵を同島《(マヽ)》より駆逐し、明年作戦の地歩を占め置くべし」云々〕これに付随して一の動議となりて発生せり。

いわく「朝鮮半島に送るべき後続兵を一師団にとどめ他の一師団をもって台湾を占領し、本冬季を経過せん」と。しかるにこの議は同月三十日に至り「戦略上の関係によりあるいは一部の兵を派して冬季間台湾を占領することあるべし」との決議をなすに過ぎざりしといえども、南方用兵談の公然議に上りたるは実にこの動議をもって嚆矢《こうし》とす。しこうしてこれよりその後、征台問題の議に上るただに一再のみにとどまらざりし。

そもそも当局がかくのごとく南方に意を用いたるはひとり当役における作戦上の関係のみにあらずして、大いに永遠の国是に考慮する所ありてしかるなり。故に当時大本営参謀佐官などにおいて研究せし議題、すなわち「もし我が国今後大決戦勝利を得、清廷和を請うの暁において東洋の平和を維持する戦略上清国をしていずれの部分を割譲せしむるを要するや」との案に対する意見書中にも、澎湖、台湾の両島は他の二、三の要地と共に必ず我が領有に帰せざるべからざるの理由を反復詳論せり。

今他の地点に関する意見はしばらくこれをおき、単に該当両島に就いて論断せし所の大要を掲ぐ。

いわく「澎湖島は水深く湾広く四時風浪の憂い少なき良港にしてその位置は台湾海峡を扼《やく》し、黄海支那海の関鑰《かんやく》を占め、我が対馬と共に東亜無比の要衝なり。故に旅順、威海衛と共にこれを我が領有に帰し、もって清国の首尾を扼制《やくせい》するときは、ひとりその抵抗力を微弱ならしむるのみならず、将来東亜の覇権を握り太平洋の海上を制するに極めて必要なり。

露国において侵略の政策を逞《たく》ましうし東亜の平和を撹乱するの恐れあるものは英国なり。しこうして香港は実にその禍心を包蔵するの地たり。故によくこれを掣肘《せいちゅう》して、その跳梁《ちょうりょう》を制するに足るの要地は澎湖島の外また他に求むるあたわざるなり。

もし今回戦争の目的をして単に朝鮮を扶掖《ふえき》するに在らしめばすなわちやむ。いやしくも東洋全局の平和を将来に図るに在らしめば、必ずまずこの要地を軍港となし、ここに完全の守備を設けざるべからず。しかれども台湾海峡に孤立する澎湖島の領有を確実ならしむるには必ず台湾を併有し、これに約一師団の兵を駐屯して警戒せざるべからざること論をまたず。

且つ欧州列国と馳騁《ちてい》して雄を東亜に争わんには、必ず新物産の収穫地を求めて財源を増さざるべからず。しかるに呂宋《ルソン》（フィリピンのこと―中塚）は東西両洋交通の衝に当たり、後来《こうらい》東洋商業の中心たるべきは必然にして、我いやしくも好機会を得ば必ずこれを占領せざるべからざるの所とす。しこうして台湾は実にその階梯たるのみならず、琉球列島と相連接し地勢上より論ずるも我に併有するを至当となす。いわんや帝国の自衛防御上においても実に領有せざるべからざるの要あるにおいておや」と。

これによりこれを観《み》るも初めより当局者がいかに南方に意を用いたるかを想像するに足る。

「二十七年八月九日」と言えば、日清戦争の宣戦の詔勅が出されて、まだ十日もたっていない、日清戦争のごく初期の話である。その日の陸海軍参謀会議で、早くも南方作戦の構想が論じられているのである。しかも南方作戦については、その後、台湾の中国からの分割が問題になるにつれ、再三おこなわれ、しかもこの議論は、ただ日清戦争をどう戦うかということにとどまらず、「永遠の国是に考慮」してのものであったという。

そして「東亜の平和を撹乱するの恐れあるものは英国」であり、「香港」はイギリスの「禍心を包蔵する地」で、イギリスを自由にさせないために、澎湖島の領有がぜひ必要であり、澎湖島の安全には「台湾を併有」しなければならず、さらに思いのままに「欧州列国」と競争して、「雄を東亜に争」うために、チャンスに乗じてフィリピンを占領しなければならないという構想である。

フィリピン占領まで構想したこうした議論は、参謀たちの間のものであって、当時の政府の対外政策にはなっていないにしても、すでに日清戦争の開始早々の時に日本軍の中枢において、こうした議論が重ねられていたことは注目に値する。日清・日露の両戦争に勝利して、こうした構想が加速されたということはあるであろうが、「無敵皇軍の神話」が生まれて、非合理的な戦略で突っ走った太平洋戦争への道が、日清・日露の両戦争に勝利して突然生まれたというものではないことに注目してほしい。

日中戦争から太平洋戦争の時期に、日本軍の主力戦車に九七式中戦車(「チハ車」)という戦車があった。この戦車は、装甲板＝鋼板が薄く防御力がきわめて弱い上、五七ミリ戦車砲一門、七・七ミリ機銃二丁という軽装備で、同時代のどの国の戦車と戦っても必ず負けたという。司馬遼太郎が、戦後、元参謀に聞いたところ、その参謀は「戦車であればいいじゃないか。防御鋼板の薄さは大和魂でおぎなう。それに薄ければ機動力もある。砲の力がよわいというが、敵の歩兵や砲兵に対しては有効ではないか」(司馬遼太郎『歴史と視点―私の雑記帖―』新潮文庫、一九八〇年、四一ページ)と言ったという。

司馬遼太郎は、かつて戦車兵としてみずからもこの戦車に搭乗していた体験から、これを「明治の合理性」に対して昭和前半期の日本の「非合理性」のひとつの象徴としている。

しかし、軍事史に詳しく、『軍備拡張の近代史』(吉川弘文館、一九九七年)をものした山田朗は、次のように言っている。

司馬氏が昭和の「非合理性」の象徴としてとりあげた九七式中戦車は、何を物語るのか。この戦車は、単に昭和戦前期の特殊性だけを体現しているのではなく、日露戦争によって確立した日本陸軍の白兵至上主義の軍事思想と歩兵中心の軍隊秩序を具体化した兵器なのである。司馬氏は、この不幸な戦車を明治時代の日本と昭和戦前期の日本の断絶性を象徴するものとして取り上げているが、この戦車こそ、ふたつの時代をつなぐ証人であり、ふたつの時代のつながり方を身をもって示しているのである。戦車の問題は、きわめて個別的な問題と思われるかもしれないが、これはむしろ典型的な事例なのだ。（山田朗「司馬遼太郎と日本の戦車」、吉川弘文館、『本郷』、第十一号、一九九七年七月）

ついでに言うならば、こうした軽装備の戦車でこと足りると考えた日本軍は、朝鮮の反日運動や装備の行き届かない中国軍相手であれば、この程度の戦車で十分と考えていたのであろう。ことほどさように、「無敵皇軍の神話」や非合理的な軍事戦略思想は、満州事変以後、突然に起こったものではなく、日清・日露戦争と、深くつながっていたのである。

❖日清戦争で日本軍はよく国際法を守ったのか

日清戦争で日本軍が国際法をよく守ったという議論は、緒戦の高陞《こうしょう》号を撃沈した軍艦「浪速」の艦長、東郷平八郎の処置についても、その適法を主張している。しかし、こうした議論は、次のような事実に口をつぐんでいる。

清朝中国の軍隊を満載した高陞号を撃沈したあと、東郷艦長は、ボートをおろして救助に向かわせるのであるが、救助したのは船長などわずか四人の西洋人だけであった。溺れる二千余の中国人将兵はまったくかえりみられなかった。あえてこれを銃撃さえしたのである。救助する気であれば、艀《はしけ》もたくさんあり、軍艦もその場にいたのだから「兵器を携えざる不幸の支那兵をば救いてこれを擒《とりこ》（捕虜）にする方普通なるべきにこれを顧みざるは仁（ユーメーン）の行に非ず」と、税関の西洋人や軍艦から見ていたヨーロッパの士官は語っている。このことは『日本外交文書』第二十七巻第二冊、七一〇号・七一五号文書にすでに明らかにされているところでもある。

「兵器を捨て又は自衛の手段尽きて降を乞える敵兵を殺傷すること」は、戦時国際法に違反する（有賀長雄『戦時国際公法』、早稲田大学出版部、一九〇三年、一三九ページ）。海に投げ出された清朝中国の将兵は、正式に降伏を申し出る余裕はなかったにしても、「自衛の手段尽きて」いたことは明らかである。救助してこれを捕虜にするのが、戦時国際法にかなった普通の方法である。しかし、日本の軍艦は「ガットリングガン」で射撃したのであるから、西洋の軍人らが批判したのも当然である。

もちろん私も、欧米帝国主義国の軍隊が、戦時のどんな時でも人命救助を旨として、人道的であったというつもりはない。「戦争だから当然だ。どこの国でもやっている！」という声が、聞こえてきそうだが、私が強調したいのは、そういう論法で、日本の行なった国際法違反の事実にほおかぶりをしてはならないということである。アメリカの歴史家が、アメリカ軍の「慈悲なき戦い」の事実をみずから明らかにしている（例えば、ジョン・W・ダワー『人種偏見』、TBSブリタニカ、一九八七年）ように、日本政府・日本軍の行なった「慈悲なき戦い」の事実を日本人自身が、正確に認めることが大切だということである。

日清・日露戦争の当時、日本は国際法をよく守ったというような「神話」に固執していたのでは、そのような論法は、アジアはもちろん欧米諸国にも到底通用しないことを知らなければならない。

3　今もつづく歴史の偽造

❖朝鮮王宮占領を無視した司馬遼太郎の『坂の上の雲』

「無敵皇軍の神話」・非合理的戦略・捕虜の虐待等々、太平洋戦争時にいちじるしい日本軍の堕落を考えるとき、さらに重要な問題がある。日清・日露戦争を戦うなかで、現に日本の侵略を受けて戦場になった朝鮮や中国の立場を考慮する視点が、皆無に近かったことがそれである。

日本軍・政府の指導者はもとより、ジャーナリズムや一般国民世論を含めて、日本の侵略に抗して、朝鮮人や中国人がなにを考え、どう行動しようとしたか、日本政府・日本軍は、それに対してどう反応したのか、こうした問題についての顧慮がほとんど見当たらない。このことが後の無謀な侵略や朝鮮・中国をはじめアジア諸国民に対する暴虐に連なる。

日清戦争の冒頭に当たって、朝鮮の王宮を占領し、国王は事実上、日本のとりこになったことは本書で詳細に書いたところである。王宮を占領したあと、これに直接かかわった歩兵第二十一連隊第二大隊長山口圭蔵少佐は国王に会って、「両国兵不測の衝突により宸襟《しんきん》を悩ませしを謝し、且つ誓って玉体を保護し決して危害なからしむべきを奏せり」と、公刊『日清戦史』は書いているが、こうした日本軍指揮官の言動を、国王高宗《コジョン》はどう聞いたであろうか。優柔不断の国王とはいえ、憤まんやるかたなかったのではないか。「併合」に至る過程における国王高宗の行動は、それを推察するに十分である。

外国の軍隊、しかも忘れがたいあの豊臣秀吉による侵略の軍隊が再びやって来て、国のシンボルとも言える王宮を占領したのであるから、それが朝鮮の官野にどれほど大きなショックを与えたかは、朝鮮民族の目線でものを考えるとすれば、ことの重大性はおのずとわかるはずである。

しかし、今日流布している日本での日清戦争関係の大抵の記述では、そうした顧慮は依然として欠けている。欠けているばかりでなく、荒唐無稽な「作り話」がまかり通っていることに注目せざるをえない。

司馬遼太郎の『坂の上の雲』では、この王宮占領はまったくなかったかのように、一言も書かれていない。前後の記述は次の通りである。

大鳥は、韓国朝廷の臆病につけ入ってついにその最高顧問格になり、自分の事務所を宮殿にもちこんだ。

韓国に対する大鳥の要求はただふたつである。「清国への従属関係を断つこと。さらには日本軍の力によって清国軍を駆逐してもらいたいという要請を日本に出すこと」であった。が、韓国側は清国が日本よりもはるかに強いと信じているため、この要求を容れることを当然ながらためらった。

しかし七月二十五日、ついに韓国はこの要求に屈し、大鳥に対し清国兵の駆逐を要請する公文書を出した。

大鳥はすでに派遣旅団長の大島義昌と気脈を通じている。公文書が出るや、大島旅団はときをうつさず牙山に布陣中の清国軍にむかって戦闘行軍を開始した。(『坂の上の雲』、文春文庫、一九七八年、五九～六〇ページ)

小説だから歴史書の厳密さを求めるつもりはない。しかし司馬が、王宮占領が朝鮮民族にとってもつ意味を、まったく考慮しなかったことに注意しておきたい。

児島襄はなるほど戦記作家として高名なだけに、その著書『大山巖』で、この王宮占領について少しは書いている。

❖明らかな偽造もある

大島公使と杉村書記官たちは、かねて朝鮮政府に内政改革を実行させるには、まず政府勢力の変改が必要だと考え、国王李熙の父であるが宮廷から疎外されている大院君李是応《(ママ)》の起用を希望していた。

東京から「ゴー」（GO）のサインをうけた杉村書記官は、大島旅団長と相談して、歩兵一個連隊で王宮を制圧し、大院君を新政府首班にして目的を達することにした。

決行は、七月二十三日午前三時ごろ、と定めた。

……（中略）……

……、杉村書記官は公使館裏手の丘にのぼり、旗竿の下に立って双眼鏡で王宮を観察した。

……（中略）……

時刻は、午前四時少し過ぎであるが、銃声は、武田秀山中佐指揮の歩兵第二十一連隊が王宮内に進出したさい、迎秋門付近の朝鮮兵が迎撃したのである。

第一大隊山口圭蔵少佐が応戦を下令し、約二十分後には、王宮内の朝鮮兵のほとんどを駆逐し、一部を武装解除した。

夜が明けていたので、状況は、公使館裏の丘上に位置する杉村書記官にも、実視できた。

「城内ノ人民ハ、此銃声ト鯨声《げいせい》トニ驚カサレ、難ヲ避ケントテ右往左往ニ奔走シ、鼎《かなえ》ノ沸《わ》クガ如キ姿ヲ呈セリ」

驚いたのは、一般市民よりも王族、高官たちである。

王も王妃も大臣も、いっせいに泣き叫びながら宮殿を走り出て、一団となって裏門経由で逃散した。（児島襄『大山巌』、第三巻・日清戦争I、文春文庫、一九八五年、二七三～七ページ。傍線は中塚）

こう書いているのであるが、いかに小説とはいえ、とくに傍線部分のデタラメなのに私は驚いてしまった。

すでに書いたように、日本側にとって朝鮮王宮占領の最大の目的は、「国王をとりこにし」、国王から清朝中国の軍隊を朝鮮外に「駆逐する」よう日本に要請させる、その公式文書を入手して戦争の大義名分を獲得することであった。国王は王宮から絶対に逃してはならなかったのである。事実、この王宮占領で国王は日本軍の「とりこ」になったのである。

児島襄が引用して「城内ノ人民ハ、此銃声ト鯨声トニ驚カサレ、難ヲ避ケントテ右往左往ニ奔走シ、鼎ノ沸クガ如キ姿ヲ呈セリ」と書いたのは、書記官の杉村濬《ふかし》が後年書いた『明治廿七八年在韓苦心録』（発行者杉村陽太郎、非売品、一九三二年）からのものであったことは疑いない。児島がこのあたりの記述に杉村の右の本を使ったことはこの引用から明らかである。

ところが杉村は児島の右引用文に続けて、こう書いていた。

……、鼎ノ沸クガ如キ姿ヲ呈セリ、既ニ王宮ノ右側ニモ銃声興《おこ》リ、宮後ノ牆壁《しょうへき》ヲ超エテ逃ルル男女甚ダ多キヲ観《み》テ、国王王妃モ或ハ後門ヨリ難ヲ避ケラレタルニアラズヤ窃《ひそか》ニ杞憂《きゆう》ヲ懐《いだ》キタリ、……（杉村濬『在韓苦心録』五〇～五一ページ）

杉村は国王が王宮から逃げ出したのではないか、と心配して状況を見守っていたのである。それがどうであろう。児島は「王も王妃も大臣も、いっせいに泣き叫びながら宮殿を走り出て、一団となって裏門経由で逃散した」と書いているのである。

小説だからフィクションは当然許されると、児島は言うのであろうが、王宮占領のもっとも肝心な目的を見誤り、しかも《公刊戦史》の記述さえも無視した叙述は、単なる史料のずさんな読み方というにとどまらず、今日における児島の日清戦争観、朝鮮観をはしなくも露呈したものである。

「居留民保護」を名目に朝鮮に出兵した日本軍が、首都の王宮を占領し、国王を「とりこ」にしたその軍事行動を、国王をはじめ朝鮮の官民はどう見、どう感じたか、そういうことについて作家としての児島はなんら考えることなく、筆を進めたことは明らかであろう。そしてこれを読んだ現代日本の読者には、国家の危急に際して、国王・王妃を筆頭に朝鮮人というのはなんとだらしない民族であるか、という残像をいだかせる効果を発揮している。

第六章 朝鮮人は忘れない

——朝鮮の抗日蜂起と日本軍の討伐

1　王宮占領に抵抗する朝鮮兵士

❖抵抗する朝鮮兵士

日本の公権力は、朝鮮王宮占領事件は偶発的できわめて小規模なものであったとすることにつとめた。「発砲はおよそ十五分間も引き続き今はすべて静謐《せいひつ》に帰したり、……」と大島公使が公電で伝えたのがそのはじめである（本書、二六ページ、参照）。

そしていま、日本の高名な作家たちは、この「小規模な事件」を歴史に名をとどめないかのように無視したり、あるいはあたかも事実であったかのように国王や王妃を逃げまどわせ、朝鮮のどうしようもない弱体・無能・腐敗を印象づける。

こうした叙述は、こんな朝鮮を放置しておけば、清朝中国やロシアの食い物にされて、日本の安全は保てない、日本が干渉してでも朝鮮の内政改革が必要なのだという、のちの「韓国併合」、そして植民地支配を正当化する論理に日本人をいざなう。

朝鮮人の民族的心情をひとかけらも認めようとしない筆の運びである。
しかし、日本人が無視しようと、またどう書こうと、朝鮮人はこの王宮占領の屈辱を忘れない。

まず、当日の朝鮮兵士の戦いぶりはどうであったのか。わずか「十五分間」で王宮が占領され、朝鮮の兵士は風に舞う枯れ葉のように逃亡したかのようにいうのは事実ではない。逃亡したものもいたであろう。しかし激しく抵抗した朝鮮兵士もいたのである。これが事実である。

『日清戦史』草案の記述からでさえ、朝鮮兵士の抵抗は次のようにうかがえる。

第二章で述べたように、武田秀山中佐の率いる歩兵第二十一連隊第二大隊が迎秋門を破壊して王宮に突入したのは午前五時ごろであった。それより前、東側、建春門を挟んで双方の撃ち合いがはじまったのは午前四時二十分である。王宮をめぐる「双方の発火漸く緩徐《かんじょ》なるに至った」のは午前七時半であった。これから国王探しがはじまり、山口大隊長が国王に会い、日本軍が警戒のため各門に哨兵を配置する動作が完全に終わったのは午前九時過ぎであった。

王宮北方の高地では「午前六時前後韓兵甚だ抗拒につとめ」、「日韓両兵の射撃まったく止むのは午前八時四十分であった。しかし、王宮北方、白岳《ペガク》頂上や南斜面から、少数の朝鮮兵士の発砲が「常に止まず」、「午後二時に至るもいまだ止まず、国王すなわち使《つか》を遣わして韓兵の発射を制止しここにおいてまったく銃声を絶つ」。

また、親軍壮衛営の占領に向かった日本軍は、王宮内で日本兵の「吶喚《とつかん》」の声を聞いて午前五時すぎ、朝鮮兵士に向かって「占領」する旨宣言し、門内に入ろうとしたが「韓兵二、三十名執銃これを拒」んだ。さらに王宮内から親軍統衛営に入った朝鮮兵士がいることを知り、午後零時五十分、第十一連隊第二大隊第七中隊が、武器を押収するため出向いたところ、朝鮮兵士の激しい抵抗に出会った。戦史草案は状況を次のように書いている。

……韓兵応ぜず且つ抵抗の色を見《あら》わす、因《よ》って中隊は該営に闖入《ちんにゅう》する目的をもって西門〔表門〕に至る、門閉じて入るを得ず。すなわち東門に迂回《うかい》してこれを囲繞《いじょう》す、韓兵これに向かい発射し中隊もまた応射し、ついに門側の壁を破り営内に突入す。この間大隊長は第五中隊を率いて西門〔表門〕に向かいしが、また韓兵の抵抗に遭《あ》い、その一小隊をして発射せしめたる後、西門を破りて進入す。この時韓兵皆狼狽《ろうばい》し武器を棄て、北門より逃れ去り、第七中隊すでに該営を占領し在りたり〔午後三時〕、……

❖黄玹『梅泉野録』から

日本による「併合」、韓国の植民地化への悲憤のきわみから、一九一〇年九月十日、阿片を飲んで自害した黄玹《ファンヒョン》（一八五五年、全羅南道生まれ）は、一八六四年から一九一〇年まで、四十七年間の記録、『梅泉野録』を残した。
その『梅泉野録』は、王宮占領に直面した朝鮮兵士の動きを、次のように書きとどめている。

大鳥圭介が宮中を犯した時、平壌兵五百人がたまたま護衛に付いていた。銃を連発し、轟かして撃った。

大鳥圭介は、脇門から王のいる処に来て、王を脅かし、「盲動する者は斬る」との旨を宣告させた。

兵たちは、みな痛哭《つうこく》し、銃を壊し、軍服を裂いて逃げた。

また、諸営の兵たちもあい率いて、下都監に集まり、誓って言った。

「われわれは、兵卒で、賎しい階級に属しているけれども、みな、手厚く、国の恩を受けている。今、変事がここに至った。宮中のことは知ることができない。

彼は、諸営が解散しないことを知れば、必ずや、敢《あ》えてほしいままに横暴なことはできまい。万一、意外な事がおこれば、ひとしく、決然と死を願う。それで、大砲を塀沿いに据えて防ぎ、守る。日本人が宮中から出て来て、もし、将来、営を奪い取るならば、営内の大砲を一斉に発射する」

大鳥圭介は、王の旨を得て兵器を放棄させた。

諸営の者たちは憤り、叫んで大いに騒ぎ、抜刀して石を砕いた。哭声《こくせい》は、まるで山の崩れるかのようであった。

解散した。

諸営の資材、武器は、すべて日本人のものになった。

これで、日本人は四方で略奪した。

およそ、宮中の財貨、宝物、列代諸王の珍貴な宝物や法器、宗廟の酒器のたぐいは、ことごとく、行李《こうり》に入れて仁川港に運搬し、持って行った。

国家が数百年間蓄積してきたものが、一朝にしてなくなった。

そして、京師には、ひとりの兵士もいなくなった。（『梅泉野録』巻二、朴尚得《パクサンドゥク》訳、国書刊行会、一九九〇年、一九六ページ）

『梅泉野録』は黄玹自身が見聞したとおりを記述したものだという（同右、あとがき）。王宮占領と宮廷、そして兵士の模様は、おそらく伝え聞いたものであろう。だから書かれていることが、宮廷を護衛していた兵士たちの動きそのものであるとは言えないかもしれない。

しかし、この黄玹の記述は、日本軍の王宮占領とそれに抵抗した兵士たちの憤りが、このような形で朝鮮各地に広まっていったことを物語る一つの証左である。

2　朝鮮に広まる抗日の動き

❖「因糧於敵」（糧《かて》を敵に因《よ》る）という日本軍

私が福島県立図書館に『日清戦史』の草案を調査に行った理由の一つに、日清両軍の初めての会戦であった成歓《ソンファン》の戦いを前にして、前衛部隊の大隊長が補給の困難に直面して自殺した、その詳細を調べたいということがあったと、本書のはじめに書いた。力を尽くして集めた朝鮮人および馬匹《ばひつ》がみな逃亡し、まだ本格的な戦争がはじまる前に、すでに食糧に窮したため、歩兵第二十一連隊第三大隊長古志《こし》正綱少佐が引責自殺したのである。

満州事変以後、とくに中国との全面戦争、そして西南太平洋の島々にまで戦線を拡大し、補給らしい補給もなしに、日本軍が現地徴発に走らざるをえず、それが中国はじめ日本軍によって占領された諸地域の住民にいちじるしい犠牲を強い、反日運動を引き起こす重要な要因の一つになった。

しかし、十分な補給なしに現地調達する方針は、なにも戦線が拡大した中国との全面戦争以後からのことではない。その「伝統」は日清戦争の時からのものであった。

次の史料は、朝鮮に出兵して間もない混成旅団から補給の困難を訴えてきたことに対する参謀総長名による大本営の訓令である。

訓令　　　　　　　　　　　　　　　　　　　二十七年六月廿九日

軍を行《や》るに要するのこと一にして足らざるも、煩累物《はんるいぶつ》の随伴を減ずるをもって最も緊切の要務とす。煩累物とは何ぞや。すなわち敵を殪《たお》すの力を有せざる非戦闘員の謂《いい》にして、いやしくもこれを減ぜざれば軍隊の運動自在なることあたわず。ただ自在に運動することあたわざるのみならず、更にこれを保護せざるべからざればなり。輜重《しちょう》運搬の人夫のごときはすなわち非戦員の首《しゅ》なるものなるをもって、つとめて地方の人民を雇役しもって常備の輸卒を減ぜざるべからず。

古昔、兵家の格言に因糧於敵の一句あり。爾来《じらい》内外の用兵にこれを奉じて原則となすゆえんのものはこの理由に外ならず。人民の性《(ママ)》命に関する糧食すらなお且つ敵地に所弁すべし、いわんやこれを運搬する人夫においてをや。

進軍もしくは屯駐地方の人民を徴発、もしくは雇役し我が使役に供せしむるすでに可なり。いわんや賃銀を直ちに支給してこれを使用するにおいてをや、何のはばかることかこれ有らん。そもそも敵地、もしくは外国の賃銀はもとより内国より貴《たか》かるべし、しかれどもこれを煩累物減省の点より考うればその利益たる勝《あ》げて言うべからず。いわんやその人夫に給する食料旅費及び輸送の金額を積算するときは幾倍の賃銀もかえって内国の者より低廉なるを得べきにおいてをや。

けだし軍の要は一に煩累物を減省し、もって進退の自由に最も顧慮し、且つ運搬はつとめてその地方によるの方法に慣熟するに在り。

今般、朝鮮国へ派遣の混成旅団には臨時輜重隊を付し、これを幹部となし糧食などの運搬はすべて徴発の材料を用うべきことを命令せられたり。しかるに六月二十八日、仁川発兵站《へいたん》監の報告に、軍隊は輸卒を備えざるがため給養行なわれず飢渇におちいらんとすうんぬんの言あり。これ甚だ解せざる所なり。

それ目下混成旅団の給養額は僅かに八千余名に過ぎず。又仁川と京城は僅かに八里の距離にして、先頭すなわち在京城の軍隊はまさに停止して行動せず。かくのごときの場合においてなお数多《あまた》の人夫を内国より送発せざれば給養行なわれ難しと言うときは、もし一朝兵站線路延長するか、あるいは全師団もしくは数多の師団渡韓して運動戦をなすの日に至らば、いかにしてこれを給養せんとするか。果して給養の道なくして全軍餓死を免れざるべきか。これ決してしからざるなり。

けだし目下いまだ戦時ならざるをもって運搬材料を求むるにやや著大なる費用を要するならん。しかれどもこれ万やむを得ざるの事情なれば、決して入費をおしむべきの時にあらず。よろしく百方努力して徴発材料を得るの方法を講究し、且つ我が帝国外交官の幇助《ほうじょ》を求め、もって各自の任務を完《まつた》くすべし。

試みに思え、若し糧食運搬のため重ねて人夫を内国より送るときは、この人夫に要する糧食もまた追輸せざるを得ず。果してしかるときはこの運搬人夫の糧食のため更に又運搬人夫を要するに至り、層々増発あに底止する所あらんや。

これ大いに因糧於敵の原則に背き煩累物減省の道に戻《もと》る故に、成るべくその地に現在する運搬材料に因《よ》るものと決心し、内国よりの追送を請求することを慎むべし。

明治二十七年六月二十九日　　参謀総長　熾仁親王

混成旅団長　大島義昌　殿

（防衛研究所図書館所蔵『自明治廿七年六月至同廿八年六月　命令訓令　大本営副官部』、請求番号：戦役・日清戦役・15、所収、四九号文書「非戦員減少スヘキ訓令」）

「内国よりの追送を請求することを慎むべし」とのきつい訓令を受けた混成旅団では、この訓令にもとづいて行動するほかなかった。牙山《アサン》への進撃にのぞんで人馬の供給は、必須の課題であった。

杉村濬《ふかし》は当時を回顧して、次のように書いている。

……しかるに出兵に臨みて人馬の供給充分ならず。しばしば朝鮮政府に照会し、議政府より公文を出し、日本兵の通行には地方官よりその求めに応じ人馬その他を供給し充分の便利を与うべし、もっともその代価は日本兵隊より相応これを償うべしとの意を諭示したるも、地方の官民皆疑懼《ぎく》をいだきてあえて官命に従わず。皆言う、これ倭《わ》党等の所為《しょい》にして本政府の意にあらずと。けだし疇昔《ちゆうせき》までは官民とも陰然我を敵視し、食物人馬の供給を拒みしものが、一朝敵と味方との地位を変じたることとなれば地方官民の疑懼するうべなりと言うべし。

当時、余は中間に立って一面は旅団の要求に迫られ、一面は無能力なる韓廷を相手として苦慮の余り非常手段をとることに決せり。すなわち軍隊より機敏なる兵卒二十余名を選抜せしめ、これに混ずるに二十名の巡査を以てして、これを京城近郊の要路（龍山《ヨンサン》、鷺梁《ノヤン》、銅雀津《トンジャクジン》、漢江《ハンガン》、東門《トンムン》外等の処）に分派し、およそ通行の牛馬は荷物を載せたると否とにかかわらず、ことごとくこれを押拿《おうだ》することとせり。これがため人民に多少の迷惑を与えたるも一時軍用に供するを得たりき（杉村濬『在韓苦心録』、五九〜六〇ページ）。

王宮占領といい、否応なしの人馬の押拿・徴発といい、公使館・混成旅団一体となったこうした日本側の行為が、朝鮮官民の反日運動を各地に広めたのは当然のことであった。

❖朝鮮人民の反日抵抗と教科書裁判

今日、日本ではこの日清戦争下での朝鮮人民の反日抵抗闘争について広く社会的に知られているとは言えない。

家永三郎元東京教育大学教授は、自著の高校日本史教科書『新日本史』の一九八三年の部分改定検定申請原稿で、

一八九四（明治二七）年、ついに日清戦争がはじまった。その翌年にわたる戦いで、日本軍の勝利がつづいたが、戦場となった朝鮮では人民の反日抵抗がたびたびおこっている。

と書いた。しかし教科書検定をしている文部省は「朝鮮では人民の反日抵抗」とは何を指すのかわからないし、たとえ特殊な研究書に発表されていても、啓蒙書によって十分普及している

事柄以外は取り上げるべきでないとして、「戦場となった朝鮮では」以下を削除せよと修正指示（削除要求）を発したのである。

このことは家永三郎を原告とする第三次教科書検定訴訟の争点の一つになった。そして日本の裁判所の最終的な判決が、一九九七年八月二十九日の最高裁判決として出たことは記憶に新しい。

しかしこの最高裁判決では、この争点については、大野正男・尾崎行信の二人の裁判官だけが明確に文部省の指示を違法としたものの、他の三人の裁判官が文部省側を支持したため、原告の勝訴とはならなかった。第二次世界大戦中の日本軍の細菌戦部隊、いわゆる「七三一部隊」の残虐行為を教科書では取り上げるべきでないとした文部省の検定は違法であると三人の裁判官が認めたのとくらべて、対照的な結果であった。

その点で、「朝鮮人民の反日抵抗」の争点について、文部省の措置を認めた三人の裁判官の一人、園部逸夫裁判官の補足意見は興味深い。園部裁判官は、

私も、日清戦争が始まった後、朝鮮に進出した日本軍に対して、朝鮮人民が武器を取って抵抗したという事象があったということを教科書に記述することが不適切であると思っているわけではない。かえって、反対意見（大野・尾崎両裁判官の主張――中塚）と同じよう

に、日清戦争の性格や近代日本と朝鮮との関係を正しく理解させるという面において、右のような記述が必要なことと考える（判決文、六四〜五ページ）。

と、自己の主張を述べながら、しかし当時の学説状況から、修正意見を付けた文部大臣の判断に過誤はなかったとしたのである。

大野・尾崎両裁判官は、朴宗根《バクジョングン》熊本学園大学教授や私の日清戦争研究により、当時の学説状況で「朝鮮人民の反日抵抗」は周知の事実であり、検定意見は違法であると認定したのに対して、園部裁判官は、学説状況についての見解を異にしたということである。つまり「七三一部隊」の残虐行為が、この日本で知られている程度には、日清戦争中の「朝鮮人民の反日抵抗」は知られていないという状況が、裁判官の判断を左右したといってよい。

第三次教科書検定訴訟の最高裁判決は、日清戦争や日露戦争について、それを朝鮮や中国の人びとの目からも見る歴史認識が、まだこの日本できわめて不十分であることを改めて示したものと言えよう。

❖ひきもきらぬ反日の動き

朝鮮の側から見ると日清戦争はどう見えるか、戦後日本でこれをはじめて系統的に明らかにしたのは、在日朝鮮人の歴史家である朴宗根である。著書『日清戦争と朝鮮』（青木書店、一九八二年）がその成果である。

とりわけその第五章「甲午改革と人民の反日運動の展開」は、日清戦争をめぐり朝鮮各地に起こった反日の動き、とくに人民の反日運動を鳥瞰《ちょうかん》した初めての研究であった。読者は是非、朴宗根著『日清戦争と朝鮮』をひもといて欲しい。

ここでは、朴の詳細な研究の成果が損なわれるのをあえて承知で簡約化すれば、次のようになるだろう。

日清戦争中の朝鮮人民の反日抵抗は、きわめて多様でさまざまな特徴を持っていた。

①進撃してくる日本軍との出会い方による地域的特徴。

②反日運動の指導者の在り方、どれだけ広い視野を持っているか、民族的な観点の強弱、階級的性格などからくる特徴。

③地域によって、東学と儒学のどちらの影響力が強いか弱いかによる特徴。

④人民の生活状況による違い。

などの諸要因がからまって、様々な形態の反日運動を生み出したのである。しかし、多様であるにもかかわらず、全体としていずれも反日抵抗である点では共通しており、その戦いは長期にわたった。日本の新聞も、例えば「あたかも飯上の蠅《はえ》と同様、集まりては散じ、散じては集まる有様にて」(『東京日々新聞』、一八九五年三月二日、朴、前掲書、二〇八ページ)と、侮蔑的な表現ながらも、朝鮮人民の執拗《しつよう》な戦いを報道せざるを得なかったのである。

日本外務省外交史料館に『自明治二十六年四月至二十八年九月　韓国東学党蜂起一件』という外交文書の原史料のファイル(5門3類2項5号)があることは前にも述べた。このファイルは一八九三(明治二十六)年四月以来の、朝鮮におけるいわゆる「東学党」の動きやその討伐について、日本外務省に届いた文書を収録したものである。

これを見ると、日清戦争の宣戦布告が行なわれた一八九四年八月以降も、八月二十八日付、釜山総領事室田義文の林董《ただす》外務次官あての報告をはじめとして引きも切らず文書が到着している。いったん終息したかに見えていた農民の戦いが、日清戦争開始直後からまた激しくなり、各地で次々に起こったことをこのファイルはよく示している。

日本軍人の逮捕・殺害、日本軍軍用電線の切断、補給の基地であり徴発の拠点でもあった日本軍の兵站部《へいたん》への襲撃等々、各地で蜂起した朝鮮人民の日本への怒りがそれらの文書から読み取れる。

❖王宮占領が新たな抗日蜂起を生む

そうした朝鮮人民の蜂起の代表的なものが、春の蜂起の指導者であった全琫準《チョンボンジュン》らを中心とする甲午《こうご》農民戦争のいわゆる「秋の蜂起」である。全琫準らは農民軍数万を率いて全羅道《チョルラド》から北上、朝鮮政府および日本の連合軍と対峙した。最大の山場となった十一月下旬から十二月上旬にかけての公州《コンジュ》攻防戦で、日本軍の近代的兵器の前に敗れて南方に退き、全琫準も年末には捕らえられた。

この甲午農民戦争の秋の再蜂起は、この年の春の農民蜂起を含めて、従来の農民蜂起とは明らかに性質を異にしていた。春の蜂起は李朝末期の政治の乱れと支配者の苛酷な搾取に反対する反乱であったのに対して、この秋の再蜂起は、明らかに日本の軍事的侵略に反対することが主な動機になっていた。

指導者の全琫準は、捕らえられたのち法廷の尋問で再挙の理由を問われたのに対して、次のように答えている。

その後聞くところによると、貴国(日本)は開化と称して、はじめから一言も民間に伝えることもなく、かつ触文《ふれぶみ》を出すこともなく、軍隊をひきいて都にはいり、夜半王宮にうちいり、国王を驚かせたという。そのため世間の一般庶民らは忠君愛国の心で、憤りにたえず、義軍を集めて、日本人と戦おうとしたのだ(原文は漢文。「全琫準供草」、韓国国史編纂委員会『東学乱記録』下、五二九ページ)。

さらに「日本軍だけではなく、すべての外国人をことごとく駆逐しようとするのか」という問いに対して、

そうではない。ほかの国はただ通商をしているだけだが、日本人は軍隊をひきい、都にとどまっている。そのためわが国の領土をかすめとろうとしていると疑わざるを得ないのだ(同右、五三八ページ)。

と答えている。

日本軍の王宮占領は、従来見られなかった儒者が、指導者となって武器を取って立ち上がる「義兵」闘争も生み出した。九月二十五日を前後して慶尚北道安東《キョンサンブットアントン》付近で蜂起した徐相徹《ソサンチョル》らの反日蜂起がその典型的な動きである。

「義兵」とは、国王ならびに国家が危急にさらされている時、しかも正規の軍隊の勝利が期待できないか、あるいは抗戦していないという客観的状況下で、民間の儒者らが自発的に「倡義《しょうぎ》文」(正義を唱えるアピール――中塚)などで義勇軍を募り、反侵略の武力闘争に決起する民軍のことである(朴宗根、前掲書、一八〇～一ページ参照)。

豊臣秀吉の朝鮮侵略の際にも義兵が起こったが、近代朝鮮では、義兵運動は日清戦争後の一八九五年の十月、日本による王妃閔妃《ミンビ》殺害事件以後に開始され、決定的には十一月の断髪令を引金にして起こったというのが通説であったが、朴宗根は史料を博捜した結果、そうではなく王宮占領直後から起こったこの徐相徹らの反日蜂起が、「近代における反日義兵運動の開始として見るべきである」とし(同右、一八〇ページ)、その詳細を裏付けたのである。

李氏朝鮮は儒教の国であったといって過言ではない。儒者たちのあいだには封建的忠誠の念が貫いていた。従って儒者たちは甲午農民戦争の春の蜂起のような民乱には、敵対的でこそあれ同調することはなかった。

それが武器を取って立ち上がったのは、日本による王宮占領に対するやるかたない憤まんの現れであったことは明らかである。徐相徹は檄文《げき》で、「日本は秀吉以来の『讐敵《しゅうてき》』であると指摘し、その日本軍が王宮を占領し国王を脅迫しクーデターをおこなわせた。そして首都を制圧したのみならず、地方まで侵入して朝鮮は重大な事態に直面している。これに対処して朝鮮は挙族的に立ち上がらなければならないにもかかわらず、宮廷にいる臣下は無自覚で日本の招きで入閣するなど憂うべき状態である。さらに王宮占領から一カ月も経っているのに、宮廷の臣や全国の官吏らが誰一人、義のために決起するものがいないから、憤りを感じてたちあがることを決意した」という(朴、同右、一七九〜一八〇ページ参照)。

日本による朝鮮王宮占領は、「朝鮮の独立」のためという口実で起こした清朝中国との戦争に対して、その足元の朝鮮から大きな反日運動を生み出すことになったのである。

3　日本軍の討伐作戦

❖民族的自主性をひとかけらも認めず弾圧

この朝鮮の反日運動を日本政府や日本軍はどう見たのか、そしてどう対処したのか。前掲の外交文書ファイル、『韓国東学党蜂起一件』などを見ても、前述した朝鮮人民の多様な反日運動について、そのほとんどすべてを「東学党」によるものとし、しかも「東学党」というものは、「清国兵の使嗾《しそう》」（清朝中国の軍隊にそそのかされている）によるものとか、「大国」（ここではさしずめ清朝中国である）の意向に左右される「事大主義」に基づいているとか、陰で「大院君」があやつっているとか、あるいは「東学党又は義兵と称するも実は無頼の窮民に過ぎざること」などというものばかりである。

当時の朝鮮人民の日本軍に対する抵抗は、その形態や思想など多様であったことは事実であるが、全体として反日抵抗である点では共通しており、当然、朝鮮の民族的感情を抜きにしては考えられないものであった。にもかかわらず、日本の外交官や軍人の見方には、その民族的自主性・主体性を少しでも認めようとするものは皆無であったといって過言ではない。反日抵抗に民族的性質を認めないその立場は、現に日本の戦争遂行をさまざまに妨げる朝鮮人民の動きを、徹底的に鎮圧することになる。

現地の日本外交官は初めのうちは、朝鮮の地方官を通して、説諭させようとしたりしていたが、そんなことで朝鮮人民の抵抗がおさまるはずはなかった。

九月二十三日、林董《ただす》外務次官が広島にいる陸奥外相にあてた電報は、次のように言う。

電信をもって申進し置きたるごとく忠清道《チュンチョンド》、全羅道《チョルラド》、慶尚道《キョンサンド》に東学党蜂起せり。しこうして京城へ侵入するとの風説あり。

該党は忠清道の娌安《ミアン》において日本人を縛しこれを殺したり、しかれども朝鮮政府はその勢力微弱にしてこれを鎮定することあたわず。

かくのごとき党類の現存するは、朝鮮政府をしてこれらの地方より租税を徴収することあたわざらしむるのみならず、我が利益を害し我が目的を達するの妨害をなすものなれば、我が兵一小隊と武人が率いる所の巡査三十名を朝鮮政府に貸し、その鎮定方を補助すること最も必要なり。

もし貴官において御異存なければ山県（山県有朋）大将と協議の上、右のことを朝鮮政府へ申込みてよろしきや（外交史料館、前掲、ファイル所収）。

説諭はおろか鎮定も朝鮮政府の力ではどうにもならず、事実上、日本軍が鎮圧に当たらざるを得ないということである。

日清戦争における日本の意図に疑心をもつ大院君《テウォングン》は、「東学党の鎮圧は大院君力を尽くす積もりゆえ日本兵の派出は見合せ」るよう大鳥公使に伝えた（九月三十日、同右）。

しかし大院君の意向が行なわれる可能性はなく、十月十日には、陸奥外相は「東学党鎮定の出兵は大本営より命令あるはず」と釜山の室田総領事に打電している（同右）。陸奥外相は伊藤首相や軍部と緊密な連絡を取っており、日本軍の出兵に向かって事態は進行する。

十月十七日、陸奥外相が広島にいる鍋島外務書記官に送った電報は、次の通りである。

左の通り速やかに伊藤、西郷両大臣に伝え井上公使にも心得のため電報せよ。

本日我が京城守衛の二小隊は朝鮮の援兵として東学党鎮圧のため派出せり。しかるに全羅道において又た倡義《しょうぎ》軍と称する一揆《いっき》起こり、その宣言する所は日本人を朝鮮より逐《お》い出すと言うに在り。先日申上げ置きたる我が兵を直ちに御派出あらんことを乞うと、唯今大鳥公使より申越したり。この件は拙者より先日以来児玉次官（児玉源太郎陸軍次官）に度々《たびたび》相談し置きたり。何とぞ速やかに我が軍隊を送るよう御取り計らいありたし（同右）。

❖日本政府はなにを恐れたのか―北に拡大させず速やかに鎮圧せよ

九月から十月にかけて、ソウルに駐屯していた日本軍部隊が「東学党」鎮圧に出動した。しかし「京城の守備兵」はこれを常置して他に使用しないことが必要であった。その理由は北方で戦う日本軍にとって「京城の人心の向背」はきわめて重大であり、かつソウルの守備を薄弱なものにすると「この機に乗じ外国は多数の兵を京城に集合せしむるも又た計られず」ということも心配されたからである。だから「東学党撲滅の兵は別に派遣せらるること目下の急なり」ということになった（防衛研究所図書館所蔵『南部兵站監部陣中日誌』、朴宗根、前掲書、一九三ページ参照）。

こうして日本政府・軍の決定によって、山口県彦島守備兵独立第十九大隊が、「東学党鎮圧」の専門部隊として、十一月初め、広島を出航、仁川に向けて派遣された（朴宗根、前掲書、一九三〜四ページ。北海道大学文学部古河講堂「旧標本庫」人骨問題調査委員会『古河講堂「旧標本庫」人

骨問題　報告書』、一九九七年七月、五七～八ページ参照)。

「朝鮮政府の依頼」とか「朝鮮政府への援助」とか、その装いはとりつくろわれても、実質的にはこうして日本軍による朝鮮人民の抗日闘争鎮圧が行なわれたのである。鎮圧の詳細は他の研究に譲ることにするが、ここでは日本政府はなにを恐れて徹底的な鎮圧に乗り出したのかを考えておこう。

近代的な軍備をととのえていた日本軍にとって、農民をはじめ抵抗に立ち上がった朝鮮人民の武力はきわめて貧弱であり、容易にこれを鎮圧することができると考えていたであろう。しかし、抗日の動きはきわめて広範囲であり、朝鮮人民の大海のなかで抗日闘争は展開されていた。一方で鎮圧されても他方でまた蜂起があるという状況であった。

こういう状況下で、朝鮮人民の抗日の動向が基本となって、日本政府に懸念を呼び起こしたのは外国との関係である。

彦島守備兵独立第十九大隊が朝鮮に向けて出発しようとしていたころ、一八九四(明治二十七)年十月三十一日付で起草された、外務大臣陸奥宗光から在朝鮮井上馨公使あての「機密信」から、日本政府の懸念と抗日闘争の早期鎮圧をめざしたその意図をよく知ることができる。その全文を掲げる。

東学党騒乱鎮圧のため広島より兵員派遣の義に付ては追々電信をもって申し進め候通り、今般の派遣兵六中隊の内三中隊はすでに本月三十日宇品より出発、その他は次の便船にて渡韓のはずにこれ在り候。該兵到着の上は申すまでもこれ無く候えども、寛猛そのよろしきに従い一日も速やかに匪徒を制圧し、騒乱鎮静に至り候様十分御配慮相い成りたく候。

しこうして東学党騒乱を機とし京城在留英国公使が陰謀を企て居るの疑いこれあり候とて、電信をもって御申し越し義これあり候ところ、頃日《けいじつ》東洋にある英仏外交官輩の意向に関しては前便私信の中にこれあり候。伊藤伯への私書写をもって申し進め候に付き、詳細御承知相い成り候義と存じ候。

ただこの際油断なく注意すべきは露国の挙動如何《いかん》にこれあり候。御承知の通り当初同国政府は今回の事件に付き、我が国が土地侵略の目的を有し居るかの疑念を抱きたることと相い見え、去る七月中、在本邦露公使より公然の書面をもって、帝国が朝鮮に対し要求する所の譲与にして、いやしくも朝鮮が独立国として各国と締結したる条約に違反することあるときはこれを有効と認めざるとして申し越し、又八月十七日付西公使の電報によれば、日清交戦に付露国局外中立を公然布告せずといえども、韓露の境界において騒乱を引き起こすべき恐れなき限りは露国はあえて干渉を試むることなかるべしとの意を、露国亜細亜局長より同公使に告げたる趣にこれあり候。しかるにその後露国黒龍江知事より日本兵は豆満江《トゥマンガン》近傍に上陸するの計画ありと本国政府へ申報したる由にて、本月十三日そのことの真偽、露公使よりその政府の訓令をもって問合せこれあり。本官は直ちにそのことの無根なるを弁じ置き候えども、畢竟《ひっきょう》これら疑の起きるは彼において常に安んぜざるところあるによることと存じられ候。

よって東学党の騒乱にして朝鮮の南部、すなわち全羅《チョルラ》、慶尚《キョンサン》、忠清《チュンチョン》などの諸道にとどまる間は露政府干渉の恐れこれなしと存じ候えども、もしこの乱咸鏡道《ハムキョンド》などに蔓延《まんえん》し、従って露境に近づくことあらば、その時より彼に出兵の好口実を与え申すべく、且つその際もし我が兵が公然匪徒の鎮圧に従事することあらば、あるいは露兵と意外の衝突を起こすことこれあるも計られず、仮令《たとい》その極点に至らざるまでも面倒なる交渉を惹起《じゃっき》するの恐れ絶無とは申し難く候。

就いてはこの際我の最も注意すべきは、騒乱を速やかに鎮定してその余波を北部に及ばしめざる一事にこれあり候。しかれどももし不幸にして幾分か北部、殊に露境近傍に蔓延する場合においては我は間接の援助をなすにとどめ、表面は朝鮮兵のみをもって征討の任に当たらしむるより外これなく候えども、朝鮮兵をして単独に匪徒鎮圧の効を遂《と》げしむることは既往の実験に徴し甚だ覚つかなく候に付き、要は事変の北部に移らざるようあくまでも未然に防止するの一事にこれあり候。この辺もとより御如才これ無き事に候えども御

含みまでに申し進め候。敬具。（外交史料館、前掲ファイル所収。傍線は原文で傍点を示す）

日本政府の懸念をうかがうに十分である。引き起こされるかも知れない国際的紛争、とりわけロシアとの紛争や干渉を避けるために、「この際我の最も注意すべきは、騒乱を速やかに鎮定してその余波を北部に及ばしめざる一事にこれあり候」、「要は事変の北部に移らざるようあくまでも未然に防止するの一事にこれあり候」と、陸奥外相の意図するところはきわめて率直であった。

❖「殺戮」「殲滅」「剿絶」「滅燼」「殄滅」

十一月十日の日本軍の「出軍訓令」には、「匪徒を東北より、西南即ち全羅道の方面に駆逐せん事をつとむべし、万一匪徒等、江原・咸鏡の方面、すなわち俄（ロシア）境に近き地方に逃逸するときは、後害を貽《のこ》すこと鮮《すくな》からざるに付、厳密にこれを予防すべし」（『駐韓日本公使館記録』、北海道大学文学部古河講堂「旧標本庫」人骨問題調査委員会、前掲書、六〇ページ）と明記されていた。

甲午農民戦争の秋の蜂起をはじめ、相次いだ朝鮮人民の抗日蜂起は、こうして事実上、日本軍によって鎮圧されることになる。日本軍は、全羅、慶尚、忠清の諸道の蜂起を、ロシアと朝鮮が国境を接する東北の咸鏡道とは正反対の、朝鮮の最南端、全羅道の西南地域に、さらに珍島《チンド》方面へと、まさに朝鮮の「西南の隅」へと追い詰め、せん滅する作戦を展開したのである。

「東学党鎮圧」のための日本側の交信、たとえば仁川《インチョン》兵站《へいたん》司令部と広島大本営の間に交わされた電報（一八九四年十月二十七日付）には、「川上兵站総監より電報あり、東学党に対する処置は厳烈なるを要す、向後ことごとく殺戮《さつりく》すべしと……」とあるのをはじめ、「……到る所賊を殲滅《せんめつ》せしむ……」（仁川伊東兵站司令官から川上兵站総監あて。十月二十二日付）、「……その根拠を探究しこれを剿絶《そうぜつ》すべし……」（後備第十九大隊への「出軍訓令」。十一月十日付）、「……一網の下に彼等を滅燼《めつじん》することを得べく……」（仁川伊東兵站司令官から井上馨公使宛。十二月三日付）など（交信記録は、いずれも北海道大学文学部古河講堂「旧標本庫」人骨問題調査委員会、前掲書から）と表現されている。「ことごとく殺戮」「賊を殲滅」「これを剿絶」「彼等を滅燼」など、蜂起した朝鮮人民のまさに「皆殺し」が意図されていたことは明らかである。

公刊された『明治廿七八年日清戦史』では、第八巻、第十一編「軍の後方及び内地における施設」、第四十三章「兵站」で、わずか三ページ余り、この鎮圧を述べているに過ぎない。ここでも「賊を全羅道の西南に圧迫し、その殄滅《てんめつ》を図るべく……」（第八巻、三一ページ）と書かれている。「殄滅」とは、ことごとく滅ぼす、ということである。

日本は朝鮮の支配をめぐって清朝中国と戦っただけではなく、王宮占領にはじまる日本の朝鮮侵略に抵抗する広範な朝鮮人民とも戦わなければならなかったのである。今、日本人が日清戦争を考えるとき、このことも決して忘れてはならない。

読者のなかには、朝鮮人が抵抗したというが、彼らは近代的な装備をした日本軍の前ではとても歯が立たない、とるにたりない一部の動きだったのではないか、それをとりたてて言うのは針小棒大に誇張するものだ、という人がいるかもしれない。確かに農民をはじめとした朝鮮人民の抗日闘争を押さえ込むことは、日本軍にとって比較的容易であったかもしれない。事実、一時的に朝鮮人民の抗日闘争が鎮静化したかに見える時は、日清戦争中はもちろん、その後の時期でもないわけではない。

しかし、日本による朝鮮侵略が続くかぎり、いくら日本軍に鎮圧されても、朝鮮の抗日民族運動はさまざまな形をとってやむことはなかった。そして次に起こるときには、前の時期をはるかに上回る規模で抗日闘争は起こったのである。日清戦争が終了した年の秋の王妃閔妃《ミンビ》虐殺事件を契機にして起こる乙未《いつび》義兵、そして、日露戦争をへて日本がいよいよ朝鮮の植民地化にのりだしたとき朝鮮各地に起こった義兵闘争、そして一九一九年の三・一独立運動など、時を経るにつれて、その規模が大きくなった朝鮮の民族運動の事実を見失ってはならない。

〔注〕ここで右の行文中、しばしば引用した文献、北海道大学文学部古河講堂「旧標本庫」人

骨問題調査委員会『古河講堂「旧標本庫」人骨問題　報告書』について一言しておく。読者の中には、この報告書と「東学党」にどんな関係があるのか、不思議に思われた方も少なくないと思うからである。

北海道大学文学部でなぜ人骨問題の調査委員会がつくられ、その委員会がなにを調査して、この報告書をまとめあげたのか。当事者の真意を損なわないために、まずこの報告書の「Iはじめに」を末尾を除いて全文紹介する。


平成七（一九九五）年七月二十六日に、文学部の管理下にある古河講堂の一室を整理中に、新聞紙に包まれて、ダンボール箱に入れられたまま、棚の上に放置されている人間の頭骨六体が発見された。これらの頭骨は、「韓国東学党」と墨書のある頭骨一体、「オスタの杜風葬オロッコ」の貼紙のある頭骨三体、「日本男子二十歳」の貼紙のある頭骨一体、「寄贈頭骨出土地不明」の貼紙のある頭骨一体の合わせて六体である。

頭骨が発見された部屋を自ら「標本庫」と称して長年にわたって使用していたのは、同年三月三十一日をもって停年退職した元教授の吉崎昌一氏である。文学部には、この頭骨の存在はもとより、いかなる理由・目的でそれが置かれていたのか、その経緯を知る者は一人もいなかった。人間の骨をこのように粗末に扱うことは、人間の尊厳に対する冒瀆であり、許されないことである。文学部はこの事態を重くみて、発見の翌日、平成七（一九九五）年七月二十七日に、当時の今西学部長を委員長とする古河講堂「旧標本庫」人骨問題調査委員会を設置し、調査を行うこととした。

その後、調査委員会は、平成八（一九九六）年四月十三日に、それまでの調査に基づいて中間報告書を公表するとともに、韓国の「東学農民革命軍指導者遺骸奉還委員会」の求めに応じて、韓国からの代表団を迎え、同年五月二十九日に文学部内において奉還式を執り行い、翌三十日には、灰谷学部長及び井上調査委員が韓国代表団に同行して韓国へ共同奉還に赴いた。さらに、調査委員会は同年七月六日から七月十二日まで二度目の韓国現地調査、同年八月二十八日から九月四日までサハリンの現地調査を行った。

中間報告書ですでに述べてあるが、これまでの調査で、「韓国東学党」と墨書のある頭骨を韓国の珍島から持ち出したのは、北海道大学の前身である札幌農学校出身者である可能性が極めて高いことについて、本調査委員会としては重大な関心を払わざるを得ない。かつて、日本の大学では、北海道大学も含めて、植民学といった学問が盛んに行われ、日本による植民地支配を理論的・実践的に支える役割を果たした。さらには、この植民学と表裏一体をなす形で「人種論」という誤った学問がとなえられ、植民地支配、民族差別、あるいは少数民族への同化政策を正当化する役割を果たした。このことが、今回発見された頭骨に深くかかわっていると考えられる。

本調査委員会は、以上の基本的見解に基づき、東学農民革命鎮圧における日本軍の直接的役割、北海道大学における植民学の実態、日本による樺太統治期の「オスタの杜」の状況等について、現段階でできうる限りの調査を行った。ただ、残念ながら、六体の頭骨が北海道大学へ持ち込まれた経緯についての具体的解明はできなかった。しかし、戦前の北海道大学には人骨が入ってくる可能性が一般的に存在したことは確認できた。

北海道大学文学部では、今回の出来事を通して、学問の場として改めて自己の歴史認識を問い直し、過去を反省しつつ、教育・研究を行っていかなければならないと考える。

（以下、謝辞にあたる部分は省略）


こうした経緯と趣旨に基づいて作成されたのが、この報告書『古河講堂「旧標本庫」人骨問題　報告書』である（A４判横書き、一九三ページ。一九九七年七月刊行）。

次にこの報告書に基づいて、少し敷衍《ふえん》しておく。

頭骨表面に「韓国東学党首魁《しゆかい》ノ首級ナリト云フ　佐藤政次郎氏ヨリ」と直接墨書されている頭骨には、次のような書付が添付されていた。

（明治三十九年九月二十日珍島ニ於テ）

髑髏《どくろ》

右ハ明治二十七年韓国東学党蜂起スルアリ全羅南道珍島ハ彼レカ最モ猖獗《しょうけつ》ヲ極メタル所ナリシカ之《こ》レカ平定ニ帰スルニ際シ其首唱者数百名ヲ殺シ死屍《しかばね》道ニ横ハルニ至リ首魁《しゅかい》者ハ之ヲ梟《きょう》ニセルカ右ハ其一ナリシカ該島視察ニ際シ採集セルモノナリ

佐藤政次郎

「梟」とは「打首を木にかけてさらす」こと。すなわちこの頭骨は、日清戦争当時、「明治二十七年」に珍島で殺され、さらし首にされた「東学党」首魁（指導者）の頭骨の一つで、一九〇六（明治三十九）年九月に珍島を視察したとき、「採集」してきたものだという書付である。

こうした経緯から、北海道大学の前記調査委員会では、「オスタの杜」の頭骨についての調査とともに、この「韓国東学党首魁ノ首級」と書かれている頭骨についても、持ち込んだと思われる「佐藤政次郎」の調査、札幌農学校における植民学の検討とならんで、全羅南道珍島における東学農民の日本軍による鎮圧についても、日本や韓国の史料を可能な限り徹底的に調査して、その実相に迫ろうとしたのである。

報告書の「IV　東学党農民指導者と推定される頭骨について」は、本報告書の全ページの七三％にあたる長文のものである。文献史料のみならず、韓国の研究者とともに、現地、珍島での東学農民軍一族の後孫からの聞き取り調査なども行なわれている。

聞き取り調査などを含む東学農民蜂起の調査研究は恐らく日本で初めて行なわれたものであり、文献史料の博捜とともに、この『古河講堂「旧標本庫」人骨問題　報告書』は注目すべき労作であると考える。私も教えられるところがきわめて多かった。

さらに付言すれば、この調査委員会の調査研究は、日本人が過去の日本の侵略の事実を曖昧にせず、それを客観的事実に基づいて解明する立場に確固として立つならば、侵略を受けた国の研究者とも、冷静に過去の事実を明らかにする共同作業ができることを、改めてわれわれに教えたものである。その点でも、この報告書公刊の意義は大きいと言わねばならない。

4　朝鮮の民族的自主性を認めない軍国主義日本とその行方

❖イギリス人女性の観察

さて、朝鮮人民の抗日闘争について、その民族的な志向をまったく汲み取ることができなかった当時の日本政府や軍であったが、日清戦争のころはじめて朝鮮を旅行し、短い滞在にもかかわらず見聞記、『朝鮮とその近隣諸国』(日本語訳は朴尚得訳『朝鮮奥地紀行』1・2、平凡社、東洋文庫、一九九三、九四年)を残したイギリス人女性、ビショップ夫人(イサベラ・L・バード)は、東学などに結集した朝鮮の農民をどう見ていたのか。

東学党の流布させた宣言が、腐敗した官僚と不忠の顧問に反対して立ち上がった、と表明する一方、王位に対する固い忠義を公言している事から判断して、その宣言は、信頼できるもののように思われた。もし朝鮮のどこかに愛国心の鼓動があるとするならば、それはこれら農民のなかにある。東学党の蜂起は、苛税か、さもなければ虐殺を免れるためになされたもののようで、その改革計画遂行の企図に限定されていた。外国の同情が若干東学党に寄せられた。なぜならば、失政の悪業はその極に達し、耐えがたい苛税に反対する尋常な農民蜂起よりも、大規模な武装した抗議に時が熟している、と考えられたからである(前掲書1、二八五〜六ページ)。

イサベラ・L・バードは、朝鮮の農民に特に肩入れしていたわけではない。彼女は、李朝の支配制度がきわめてびん乱・腐敗・堕落し、民衆に耐えがたいものになっていたことを、決して見逃しはしなかった。そのなかで「朝鮮のどこかに愛国心の鼓動があるとするならば、それはこれら農民のなかにある」と見抜いていたのである。また次のようにも言っている。

外国人旅行者は、朝鮮人は怠惰だ、という印象をたくさん持たされる。しかしロシア系満州で、朝鮮人の活力や勤勉、節約とその家の豊富で快適な家具調度品を見た後、朝鮮人の怠惰が気質の問題として見做《みな》されるべきものかどうか、私は大いに疑問に思うようになっている。朝鮮に居る朝鮮人の誰もが皆、貧乏が最良の防衛手段である事、そして彼自身とその家族が着たり、食べたりする以上のものを何か所持していると、飽く事を知らない堕落した役人に確実に取り上げられることを知っている。役人の苛税取り立てがとても耐えられないものになり、生活必需品を供給する能力が侵害される時、初めて朝鮮人はその手中にある唯一の補償方法に訴える。その方法は、非難に値する我慢のならない監司や郡守の追放と時には殺害、もしくは最近多くの悪評をかった場合のように、監司や郡守のお気に入りの秘書官を木材の山で火炙《ひあぶ》りにする事である。民衆の爆発は、異常な挑発の下に残念な暴力行為で最高度に達するかもしれないが、普通それは正義に基づいて打ち立てられた効果的な抗議方法なのである（前掲書2、一九五〜六ページ）。

日本の外交官や軍人の観察とくらべてどちらが客観的であったか、その後の歴史の展開が答えを出しているように考えられる。

❖軍国主義日本の朝鮮支配とその行方

日本の外交官や軍人とイギリス人であるイサベラ・L・バードの観察の違いは、なぜ起きるのか。その理由を歴史的に解明することはやさしいことではない。

しかし、確実に言えることは、朝鮮の抗日闘争に民族的志向をいささかでも認めることをしなかった日本政府や軍人の認識は、日清戦争をへてその後ますます硬直化していったことである。

日清戦争が終わって約半年後、一八九五（明治二十八）年十月八日、朝鮮駐在の日本公使三浦梧楼自身が主導して、王妃である閔妃《ミンビ》虐殺事件を引き起こした。前年の王宮占領とこの閔妃虐殺の両方に深くかかわっていた杉村濬《ふかし》は、閔妃虐殺事件の「唯一の目的は宮中における魯国党《ろこく》（其の首領は無論王妃と認めたり）を抑制して日本党の勢力を恢復《かいふく》せんとするに在り」（杉村濬『在韓苦心記』一九九ページ）と言い、「その目的大鳥、井上両公使の所為と同一にして、その手段は遙に昨年七月の挙より穏和なりしと信ぜり」（「杉村濬等被告事件陳述書」、伊藤博文編『秘書類纂・朝鮮交渉史料』中、五三三ページ）と言い放っている。

王朝の中枢さえ握れば、それで日本の政策をうまく遂行できると考えて、日清戦争の当初に王宮を占領し、国王を事実上、日本のとりこにしたのであるが、そのやり方を現地の公使館で公使以下一体となって、もっと野蛮な方法で実行したのが、閔妃虐殺事件であった。

こうした方法で朝鮮の人心を収攬《しゅうらん》することができないのは、言うまでもないことである。しかし、さらに後年、日露戦争の後、一九〇五（明治三十八）年十一月、朝鮮の保護国化を実現する第二次日韓協約（乙巳《いっし》条約）の強要に際して、今度は「明治日本の政治家」の第一人者である伊藤博文も指導的立場に立って、国王をはじめ諸大臣への脅迫を繰り返した。一九〇七年には、日本の不当を国際社会に訴えようとした皇帝高宗《コジョン》は退位させせられてしまう。

権力中枢の掌握を万事にさきがけるこのようなやり方は、国民の基本的な人権をとどのつまりのところでは認めず、天皇を頂点とした事実上の専制支配を維持して内外政策を進めてきた日本政府の、いわば身についた資質とでもいえるやり方であった。こうした資質が、朝鮮では朝鮮人民の社会的・民族的な志向をなにひとつ汲み取らず、もっぱら専制的な王朝政府を握ることによって、ことを進める政策をとらせることになる。

しかし、こうした方法では、朝鮮人民の人心はもとより、皇帝をはじめ宮廷をめぐる支配層までも離反させることになるのは必定である。

閔妃虐殺事件の後、義兵闘争はいっそう広がり、乙巳条約の後になると、義兵の動きは十年前の甲午農民戦争（東学党の乱）の比ではなく全朝鮮に拡大された。この一九〇五年から一一年ごろにかけての日本の植民地化に反対する抗日義兵闘争も、また全羅南道へ追いつめる「南韓暴徒大討伐作戦」で殲滅《せんめつ》させられる。

しかし、日本による朝鮮の植民地支配が実現したいわゆる「韓国併合」から十年たった一九一九年には、文字通り朝鮮民族あげての挙族的民族運動、三・一独立運動が起こるのである。三・一独立運動の衝撃により、日本の朝鮮統治方式はいわゆる「武断政治」から「文化政治」へと様相を変える。しかし、この「文化政治」の下で、朝鮮の民族的自主性はどう認められたのか。わずかに朝鮮語の新聞・雑誌の発行を許すなどの変化があったが、「文化政治」実は「悪化政治」と評されたように、朝鮮民族の独立・自主への敵意はいっそう露骨なものになっていった。

一九二四（大正十三）年六月一日、朝鮮に駐屯する日本軍、朝鮮軍司令部がまとめた「研究」に、『不逞鮮人《ふていせんじん》ニ関スル基礎的研究』という文書がある。その第三節「不逞鮮人ナル用語ノ意義」は次のように言う。

不逞鮮人なる語は、万歳騒擾《そうじょう》（三・一独立運動を日本ではこう呼んだ——中塚）後の呼称にかかる。韓国の晩年、統監政治時代、在野の有識者及び両班《ヤンバン》儒生、声望家中政治を談じ不平を唱うる者、これを警察上、要視察人と称し、これが言動の監察は警務官憲の最も力を注ぎたる所なり。その後韓国軍隊の解散に伴い不平を鳴らし武器をとりて集団横行し武力的に反抗せしもの、これを暴徒と名づけ、警務官憲の力及ばずして軍隊の威力により討伐鎮定せり。かくのごとく等しく施政に不平を抱くも、その行動外形の如何《いかん》によりてその名称を異にせり。また暴徒平定後における一般的不良分子は多く耶蘇《ヤソ》教伝道師の袖下に隠れて、陰然排日行動に熱中す。しかしてこれらは多く外人宣教師の積極的後援操縦に基づくものにして、その源を尋ぬれば、また等しく施政に対する不平党なり。その行動たる武器をとるにあらず、主として言論によりて事をなし、間接にいわゆる直接行動を助成せんとするものなるが故に、これを暴徒と呼ぶことなく、警務上要視察人または要注意人と称えたり。しこうして海外に遁鼠《とんそ》妄動するもの、これを海外不良鮮人と称し、共に朝鮮施政に反対し韓国復興独立を叫ぶこと現今と異ならず。

　これら数種の不良輩多数の妄動は逐年一般的に民心上に拡大し、更に外人宣教師の後援漸次顕著となり、ますます排日思想の高潮するものありし折りから、民族自決主義に刺激せられてここに孫秉煕《ソンビョンヒ》らの陰謀を生じ、大正八年万歳騒擾勃発するや、前記数種の政治的不平輩はたちまち制令の制裁を受くるに至り、一律に不逞鮮人と唱うるにいたれり。最近に於いては不逞者なる語義の範囲さらに拡大して、いやしくも国権恢復《かいふく》韓国独立または義軍義兵を標榜するものはその実質上において、単なる強盗、草賊の類といえどもなおこれを不逞鮮人と称えつつあり。対岸地区に蟠踞《ばんきょ》する不平分子またその種類の如何を問わずことごとくこれを不逞鮮人と称し、最近に至りて武器を携えて江岸地区に直接行動を逞《たくま》しうする一部分を目して朝鮮馬賊または鮮匪と名づくるものあるも不逞鮮人と称してあえて不可あることなし。

右のごとく論ずれば、各種不平不良の徒輩はすべてこれを不逞鮮人と称すべきがごとくも、吾人はこれにたいする対策上、左の如き定義の下に不逞者を観察しつつあり。すなわち不逞鮮人とは日本の統治に不満を有し何らかの形式においてこれが実行を策し、または実行しつつあるもの及び独立光復を標榜する一般匪賊をいう。

反日的な行動・意志の表明はもとより、祖国の独立を願う朝鮮人は、すべて「不逞鮮人（フテイセンジン）」と見られ、天皇制軍国主義日本の仇敵《きゅうてき》とされたのである。

こうした天皇制軍国主義日本の朝鮮政策が朝鮮民族の支持を得ることができなかったのは言うまでもない。

朝鮮王宮占領のような侵略の暴挙は、歴史の偽造と隠滅によって忘れ去られ、他方、日本の侵略に反対する朝鮮人のどんなささいな行為でも、それはすべて外国にけしかけられているものであるという考えは、こうして「確信」にまでなる。

日本が朝鮮を「併合」しなければ、朝鮮は清朝中国やロシアに支配されるに決まっているという口実のもとに、朝鮮は日本の植民地とされた。日本の侵略の事実を隠し、朝鮮の民族的立場をひとかけらも考慮しない、このような歴史の歪曲と偽造、そして虚構にもとづく驕慢《きょうまん》は合理的な判断とは無縁のものである。

虚構を重ねて、野望はますます肥大化し、朝鮮への侵略は、さらに中国の東北へ、さらに中国全土へ、そして東南アジア、太平洋上の島々にまで拡大されていったのである。

その結果、惨たんたる犠牲・悲劇がアジア諸国民に、そして日本国民にも及ぶことになる。

そして当然の結末として天皇制軍国主義の大日本帝国は敗北したのである。

第七章

「愛国」を騙る亡国の歴史観

――いまにつづく歴史偽造の後遺症

1 歴史の真実を明らかにする意味と責任

❈「開戦の真相隠しは古今の通例」という批判

この書物も最後の章になった。本書が刊行されれば、「その国の外交に累をおよぼすような事実は、公表しないのが当たり前だ、日本だけが隠したのではない、帝国主義国はもちろんどこの国でもやっていることだ」との非難をまた聞くであろう。

朝鮮王宮占領についての『日清戦史』草案の記述を公表したときも、無言電話を含めてさまざまな非難や批判を受けた。

その一つに、「開戦の真相と開戦理由の公式発表とが異なることなど別に珍しいことではない。アメリカがベトナムに介入するのに大義名分としたトンキン湾事件だってそうじゃないか。こんなことは古今東西の歴史でいくらでもある。それなのに中塚は日清戦争の発端として『日清戦史』の草案から朝鮮王宮占領の事実を発見して驚いているのは、余りにも〝純真・純粋〟

過ぎて、その驚きに驚いてしまう」と、皮肉たっぷりに便箋二十四枚に批判を書き連ねて来た人もあった。〝中塚は歴史を知らない〟という批判である。

住所氏名を明記した手紙であり、まあるような正体不明の嫌がらせの手紙ではない。それだけにこういう意見は、特殊な意見とも言えず、日本人の間にかなり一般的にある考えでもある。新聞や書物もかなり読んで、自分なりに「歴史とはこんなものだ」と日ごろから頭に描いている人の意見であると言ってよいかもしれない。

開戦の真相が定かでなく、当事者双方の言い分に違いがあるというのは、よくあることである。しかし、いまわれわれに問われているのは、近代の日本が隣国朝鮮を滅ぼし、植民地としてこれを支配し、さらに中国をはじめアジア・太平洋の諸民族に甚大な損害を与え、日本国民にも史上空前の犠牲を強いた日本軍国主義の責任である。それが仕掛けた戦争の実態を明らかにすることは、今日の日本人の責任であると私は考えている。それを「歴史とはこんなものだ」と、自分はあたかも「歴史の通」でもあるかのように思って、ことの真相を究明するのをなおざりにしてはなるまい。

しかも私を批判するのに材料とした「トンキン湾事件」は、すでに知られているように、その真相は事件からわずか七年後の一九七一年には、当のアメリカで明らかにされたのである。私の批判者はこの事実にふれていない。

❈「トンキン湾事件」と「ペンタゴン・ペーパーズ」

ご存知の方も多いであろうが、「トンキン湾事件」の真相が明らかになった経過を簡単に記しておく。

「トンキン湾事件」とは、一九六四年八月初めアメリカの駆逐艦がベトナム北部のトンキン湾の公海上で、北ベトナムの魚雷艇によって攻撃されたとして、アメリカ空軍は北ベトナムへの爆撃を開始し、ジョンソン大統領は戦争遂行の権限を議会にもとめ、議会の圧倒的多数の承認のもとに、アメリカ政府がベトナム戦争介入の「大義名分」を作り上げた事件である。

しかし、アメリカ政府の発表したこの「トンキン湾事件」なるものは、むしろアメリカのベトナムに対する広範な秘密作戦の結果としてひき起こされたものであった。そのことがいわゆる「ペンタゴン・ペーパーズ」によって、事件から七年後に明らかにされたのである。

当のアメリカ政府筋からリークされたベトナム戦争関係の資料を『ニューヨーク・タイムズ』が掲載しはじめたのは、一九六四年から七年たった一九七一年六月十三日のことであった。しかし連載三日目が終わったとき、アメリカ司法省はニューヨーク南地区連邦地方裁判所から掲載続行差止めの仮処分命令を得ることに成功し、アメリカ政府は、掲載の恒久的禁止を要求した。これにたいして、『ニューヨーク・タイムズ』は、つづいてこの資料を掲載しはじめた『ワシントン・ポスト』その他の新聞とともに、この資料は公開されるべき性質のものであり、国家の安全保障になんの危険も及ぼすものでない旨を主張し法廷で争った。
アメリカ合衆国最高裁判所は一九七一年六月三十日、各新聞社に軍配をあげた。新聞は勝ったのである。

自由で拘束されない新聞のみが、政府の欺瞞《ぎまん》を効果的にあばくことができる。……私見によれば、『ニューヨーク・タイムズ』『ワシントン・ポスト』その他の新聞は、その勇気ある報道に対して非難されるどころか、建国の父たちがかくも明確にうちたてた目的に奉仕するものとして賞賛されるべきである。これらの新聞は、ベトナム戦争にいたらしめた政府の行為を明らかにすることにより、まさに建国の父たちが新聞に希望し期待した任務を立派に果たしたのである。

これは新聞社勝訴の歴史的な最高裁判決に関するフーゴ・L・ブラック判事の賛成意見の一節である（以上、ニューヨーク・タイムズ編／杉辺利英訳『ベトナム秘密報告』上、サイマル出版会、一九七二年、参照）。
「ペンタゴン・ペーパーズ」の暴露は、アメリカ内外に高揚していたベトナム反戦運動を励ましたことはいうまでもない。

❖「他民族を抑圧している国民は、自分自身をも解放することができない」

これにひきかえ、天皇制支配下の日本ではどうだったのか。すでに本書で詳述したように、日清戦争のとき、新聞は新聞紙条例や陸軍省令・海軍省令などによってきびしく記事を制限され、しばしば発売禁止の憂き目をみた。それだけではない。朝鮮王宮占領について言えば、政府の公式発表にたいして新聞記者たちが、見聞したところを記事にして送ってくると、政府や軍への批判とはとてもいえないほどの記事であっても、事実に少しでも近づくことを恐れた日本政府は、一八九四年八月一日、「勅令百三十四号」を緊急勅令として発布、翌日から新聞・雑誌など出版物の事前検閲を実施し、新聞の動きを封じたのである。この「勅令百三十四号」は、同年九月十二日、廃止にはなるが、しかしその後も天皇制下の日本の言論・出版が、なにものにも束縛されない自由を得たことは決してなかった。

日本の国民――いや当時は国民でさえなく、天皇の「民草」「臣民」であった――は、あの「大正デモクラシー」の余韻がなお残っていた昭和のはじめでも、出版法・新聞紙法・治安警察法・治安維持法・行政執行法などによって、一切の言論に厳重な拘束を加えられていた。しかも、それを批判し「言論自由の尊重は、現代における最大の特権であり、又同時に政治の運用を円滑ならしむる安全弁である」と書いた『明治大正史・言論篇』(朝日新聞社、一九三〇年)でも、「もとより国民の幸福をおびやかし国家の安寧をみだすの言論については、十分なる取締りをなすもまたやむを得ないであろう」(同書、三六六〜七ページ)と書いていたのである。

軍事・外交の機微に触れる問題の公表は、至難というよりは、不可能であったといってよい。刑務所行きか、生命をかける覚悟さえもしなければ、だれもあえて公表できなかったのである。だから新聞や雑誌などもいきおい天皇制支配に順応する報道しかせず、日本の朝鮮や中国への侵略の事実は隠蔽され続けたのである。しかも学校教育を通じて、その嘘の歴史が日本人に日常的に注入されたのであった。

アメリカにおけるベトナム反戦運動など、当時の日本では起こりようもなかったのである。「他民族を抑圧している国民は、自分自身をも解放することができない」(エンゲルス)ことを、天皇制下の日本は絵に書いたように立証したのである。

2 歴史偽造の後遺症

❖「戦後五十年決議」

天皇制下の日本における歴史の偽造、そして言論・出版の極度の制限は、侵略にかかわる具体的な事実の忘却を招いた。国民を歴史の真実から遠ざけただけではない。そうすることによって日本の為政者も事実を忘れ、驕慢《きょうまん》が彼らを支配したのである。しかも、その累《るい》は太平洋戦争の敗戦後半世紀もたつという今日まで、この日本で続いている。

一九九五年は第二次世界大戦での日本の敗北から五十年目に当たっていた。この節目の年に、日本政府が近代日本が行なった侵略戦争や植民地支配について、どのような歴史認識を示すか、日本の内外から注目されていた。

一九九五年六月九日、日本の国会は衆議院で「歴史を教訓に平和への決意を新たにする決議」を行なった。その決議は、「アジアの諸国民に与えた苦痛を認識し、深い反省の念を表明する」

と述べたものの、中国の東北侵略に始まる第二次世界大戦の火付け役としての日本の責任を明確にせず、日本の朝鮮や中国をはじめアジア諸国への侵略は、他の国々も行なった「世界の近代史上における数々の植民地支配や侵略行為」と同じもので、とりたてて日本が責任を問われるものではないという趣旨で一貫していた。

あの時代は、所詮《しょせん》、帝国主義の時代であり、悪いと言えばみんなが悪かったのだ、という議論は、つまり、だれも悪くなかったという議論につながる。日本が犯した過ちに対する道義的責任を曖昧にしてしまうだけではなく、日本が朝鮮や中国をはじめアジア諸国で行なった具体的な行為の歴史的な解明を拒否する主張である。

第二次世界大戦後の国際政治は、日本・ドイツ・イタリアの侵略諸国に対する断罪を共通の基礎にして、二度と天皇制軍国主義やナチス・ファッショの再来を許さないことを目指してきたことは国連憲章から見ても明らかである。この衆議院の決議は、この戦後国際政治の大原則をくつがえす性質のものであった。

しかも与党の自民党や社会党の中からも欠席者が相当に出て、新進党も欠席、衆議院議員の半分にも満たない中での多数決という体たらく。「泥を塗られた国会決議」(朝日)・「こんな醜態はまっぴらだ」(毎日)と、新聞の非難を浴びた決議であった。

この「戦後五十年決議」については、前年の秋ごろから決議をすること自体に反対し、「戦没者追悼・感謝の決議」の採択が地方の議会であいついだ。こうした反対運動を指導した「自民党終戦五十周年国会議員連盟」の会長、奥野誠亮衆議院議員は、

この間も言ったんだけれども、私たちは朝鮮支配なんて考えたこともありませんと。私は当時は役人だったんだが、朝鮮がよくなるように台湾がよくなるように、努力してきたんですと。だから李さんは皇族の一員になったんだし、重臣が華族になったんですと。学校もどんどん設置し、京城帝国大学まで作ったんです。そして、日本国になり日本人になったんだから、日本人と同じようにしたければさせてあげようということで、日本流の「氏」を使い、名を使うなら申請すればそのようにしてあげましょうとしたんです（『月刊国会ニュース』、一九九五年四月号）。

と言い放ったものである。この雑誌は、国会に広く頒布されたが、新聞沙汰になることもなかった。

❖謝罪しない日本

アメリカの日本研究の第一人者、ジョン・W・ダワー（マサチューセッツ工科大学教授）は、日

本の国会決議の直後、第二次世界大戦におけるドイツでの欧米人捕虜死亡率は四％であったのにくらべ、日本では三〇％前後にも達したことをあげ、欧米では日本は「ドイツよりも残虐な敵」であったという感覚が強い。にもかかわらず「日本は、戦争について世界を納得させるほど正直に語れる政治家を一人も輩出できなかった」と指摘した（『朝日新聞』、一九九五年六月十一日）。

どうして日本はこうなったのか。それは日本が敗戦後、一貫して天皇の戦争責任を追及することをしてこなかったことに最も根源的な理由がある。イタリアでは決起したイタリア人自身の手によって独裁者、ムッソリーニは処刑され、戦争に終止符がうたれた。ドイツでは、独裁者、ヒットラーは東西から攻め入った連合軍の猛攻のなかで自殺し、ドイツの敗北が決まった。

ところが日本では、長年にわたり国民の基本的人権を天皇制権力が抑圧し続け、その結果、戦争を終わらせる国民の能動的な動きは起こらなかった。また、戦争による国内の地上戦闘も、硫黄島・沖縄を巻き込んだだけであった。地上の戦闘がそれ以外に及ばないうちに、支配層の一部の「和平派」と「本土決戦派」が国民には完全に秘密にしながら抗争を重ね、「和平派」が「天皇の聖断」でポツダム宣言を受諾、降伏したのである。

イタリア・ドイツの敗北にくらべて日本の特徴は、降伏の唯一条件が「国体の護持」、すなわち天皇制の温存であった。これを、日本を事実上単独占領したアメリカが支持したのである。

従って敗戦後も旧支配層内部の勢力交代があっただけで、天皇・皇族・重臣・官僚の全体系が従来のまま中央政権としての統一を保ち、アメリカ占領軍に従属しながら日本の政府として国民を支配しつづけたのである。戦前の天皇制の専制支配は修正されたが、天皇を中心とした旧支配体制は、一時、軍事力を失っただけで、ほとんど崩壊せずに残ったのである。

こうして天皇の戦争責任は免責され、そのことによって、日本では第二次世界大戦前の軍国主義思想が温存され、侵略戦争を正当化し「謝罪しない日本」という醜い体質が今日まで続く大きな原因となった。

❖歴史の澱《おり》

吉岡吉典参議院議員は、一九九五年十月十七日、参議院の予算委員会で、同月五日の村山富市首相の「韓国併合条約法的有効」発言をあらためて追及した。そのとき日本による朝鮮侵略のさまざまな具体的な事実を、公表されている日本政府の公式文書などもあげて例証し、首相に前言の撤回を迫った。その結果、総理大臣も外務大臣も「当時の状況から判断してみて、対等、平等の立場で締結されたものではないというふうに私は考えております」と言わざるを得なかった。

ところがそのとき、村山首相は「いろんな史実を記録したものはあると思いますが、今、委員（吉岡議員）が言われたことについては、これは私も今初めて聞く話で全然見ておりませんから何とも言えません」などといったのである。

第二次世界大戦後五十年、日韓条約の締結からでも三十年の歳月が過ぎていた。この間、日本の朝鮮侵略の問題をどう見るかは、韓国など関係諸国と日本との間で、最大の問題であったはずのものである。にもかかわらず、日本の総理大臣も外務大臣も、今日ではだれでも見ることのできる日本の朝鮮侵略を伝える基本的な文献にすら目を通さず、「今初めて聞く話」などといったのである。

歴史の澱にまみれた現代日本の指導者の姿に、私は暗然としたものである。

3 「愛国」を騙《かた》る亡国の歴史観――結びにかえて――

一九四五年の敗戦にいたる十五年に及ぶ戦争、この戦争による三一〇万人もの日本人戦争犠牲者、アジア・太平洋上の諸島での日本軍による二〇〇〇万にものぼる人びとの殺戮は、まさに本書で述べてきた日清戦争以後の日本の近代史のあり様と分かちがたく結びついていたものであると、私は思う。

第二次世界大戦後の日本では、十九世紀後半以後の日本の朝鮮や中国をはじめとするアジア諸国への侵略の事実を検証する歴史研究と、その成果に基づく歴史教育が大いに発展した。天皇制支配下で独善的な歴史観が横行した戦前と比べて、これは画期的なことであった。

日本政府と反動的な政治勢力は、こうした事実に根ざす歴史教育を非難し、教科書検定制度を通して国民に歴史の真実が伝えられるのを再三妨げてきた。これに対し、一九六五年から始められた教科書検定訴訟（いわゆる「家永訴訟」）や、教科書執筆者・出版労働者などの努力によって、そしてまた近隣アジア諸国の批判などにより、教科書検定制度のもとでも、日本の歴史教科書の記述はかなり改善され、一九九七年度用の中学校教科書には「戦後補償」や「従軍慰安婦」の記述もはじめて登場することになった。

家永三郎元東京教育大学教授を原告として進められてきた教科書検定訴訟は、一九九七年八月二十九日の第三次訴訟に対する最高裁判所の判決で終わった。しかしこの三十二年にわたる裁判で、日本の侵略の事実を削除したり過小評価したりした文部省の意見が違法とされた個所も少なくなかった。明らかに歴史の事実を客観的に認識し、これを次世代に引き継ごうとする日本の良心は確実に力を増したのである。

ところが、第二次世界大戦後のこうした事実に基づく歴史研究と歴史教育を実現しようとしてきた努力を、全面的に覆《くつがえ》そうとする動きが、戦後半世紀をへた今日、日本で新たな動きを見せている。藤岡信勝東京大学教育学部教授ら一部の学者・反動的な国会議員・『産経新聞』などのマスコミや右翼団体が共同して、歴史教科書の「従軍慰安婦」や南京大虐殺などの記述を非難し、その記述を削除させるためのキャンペーンを様々に行なっている。

こうした動きは、近代日本における歴史偽造の根深い伝統を引きずるとともに、政治的・経済的、そして軍事的にも再び「大国日本」を実現しようとする意図と連動したものである。彼らの言説には、学問的な批判に堪えられるものは何一つないといってよいが、政治運動化しつつあるこの動きを軽視することはできない。

その上、国会に憲法調査委員会の設置をもくろみ、日本国憲法の平和条項を骨抜きにしようとする動きも活発である。「明文改憲」のために国会に常設の委員会を設けるというのは、戦後の日本で初めてのことであり、その点で極めて注目すべき動きである。

一九九七年四月八日の衆議院「日米安全保障条約の実施に伴う土地使用等に関する特別委員会」で、西村真悟議員は次のように発言している。

北清事変に出動して、各国大使、そしてその家族を救出したことによって、我が国は、日英同盟から、ある意味じゃ国際社会での正当な評価を得てきた近代の歴史でございますから、この朝鮮半島有事を想定して、我が邦人のみならず、救助を求めるそこの外国人を、アルバニアのドイツ軍のように、救出しなければならない国家としての使命を負っているのじゃないかと思う。その法制は今ない。

だからそれを可能にする法制度を作れと言わんばかり、政府を督励する内容の発言である。「居留民保護」の名目で出兵した日清戦争や八カ国連合軍に最大の軍隊を送って義和団を鎮圧したその経験を全面的に肯定し、いままたそれを実行せよというような発言である。このようなことは、恐らく数年前なら日本の国会ではとても言えなかった言辞ではないか。

こうしたことに今日の日本の危険な政治状況が端的に現れている。西村議員は「従軍慰安婦」問題などを教科書から削除するよう求めている新進党「正しい歴史を伝える国会議員連盟」のメンバーでもある。歴史の偽造と忘却、それによる無知の上に、海外派兵を可能にするような憲法改正の動きが加速すれば、日本は再びアジアにおいて、より大きな災厄の源になる可能性が大きい。

この日本では、敗戦後半世紀以上もたつのに、近代日本について客観的な歴史の省察をなおざりにし、そしてあたかも日本の戦争犠牲者が日本の平和のために自発的に生命を捧げたかのようにいう言動が、地方自治体の議会決議をはじめさまざまな形をとって各地でまかり通っている。

日本の内外に史上空前の戦争犠牲者をつくりだした、その歴史的原因を問わず、その責任を棚上げにして、「戦没者を弔う」というのは、かえって死者への冒瀆である。

「愛国」を語るかのように言いつつ、その実、「愛国を騙《かた》る」藤岡信勝らの歴史観は、この島国の日本ではある程度通用するかもしれないが、一歩、国外に出ればいかなる国においても相手にされないものである。日本以外で通用しない歴史観という点では、あの「八紘一宇《はっこういちう》」と同じである。

このような独善的な歴史観がふたたび日本を覆うならば、それは日本の亡国につながる。

百年の嘘《うそ》を終わらせるのか、それとも嘘の上にさらに嘘を上塗りするのか、敗戦半世紀を過ぎた今、日本人の歴史認識が改めて問われているのである。

それにどう答えるのか。そのことをわれわれ日本国民一人ひとりが自覚しなければならない。

あとがき

先日、ある研究会で「中塚は長いこと日清戦争の研究をしているが、それはパーツの研究で総合性に欠ける」と言われた。一応、日本側から見た日清戦争の通史は書いたものの、開戦外交や陸奥宗光の『蹇蹇録』の研究に主要な関心があった私のことであるから、この指摘は当たっているので甘受する。

しかし、ますますパーツにこだわって、日清戦争の冒頭に行なわれた日本軍最初の武力行使であった朝鮮王宮占領事件をめぐって、ここに一書を公刊することにした。

人は言うかもしれない。日清戦争史全体、まして日本近代史の流れのなかで、この朝鮮王宮占領事件というのはパーツの中のパーツだ。それなのに、なぜ中塚はこの事件にこだわるのか、と。

その理由は次のとおりである。

第一は、日本が本格的な帝国主義国家として世界史に登場する重要なステップになった日清戦争の最初の武力行使が、その「独立のために戦う」と内外に公言した朝鮮の王宮占領であったという事実の歴史的な意味を、問い続けたいからである。朝鮮民族にとっては忘れがたいこの王宮占領のてん末は、日本では無視されているか、デタラメな記述でいまなお広く出回っているのである。

第二は、日清戦争開始に当たって「大義名分」を入手するという戦略的な意味を持っていたこの王宮占領について、日本政府も日本軍も、ことのてん末を国の内外に公表することができず、ウソで塗り固めた話を作り上げたことの意味を考えたいからである。

日本では、最近、藤岡信勝東京大学教授らが旗ふりをして、歴史の事実を逆さまに書く動きを強めているが、歴史の偽造は日本が帝国主義国家として登場するきっかけになった日清戦争のときからそうであったことを、この『日清戦史』草案の記述はわれわれに改めて教えた。その点で、この朝鮮王宮占領事件はパーツの一つではあるものの、政治・外交・軍事はもとより、近代日本の国民思想にいたるまで、その痼疾《こしつ》を解明するのに欠くことのできないキイの一つであると私には思えたのである。

第三に、その歴史の偽造にかかわることであるが、近代日本の対外戦争についての、戦史の編纂がどのように行なわれたのかという問題に私の関心は当然向かっていった。日本近代史の研究で戦史編纂の研究はまだ手付かずの分野である。この関心から、同じく福島県立図書館「佐藤文庫」に所蔵されている「日露戦史編纂綱領」という文書に出会うこともできた。

日清戦史編纂のときはどうだったのか。同じような編纂綱領に似たものがあった可能性は大きい。防衛庁防衛研究所図書館の膨大な記録から、その証拠を探し出せないか、これが見つかれば、第三章で述べた問題の解明にも大きく前進することができるだろうと考えた。かなり努力はしたものの、膨大な史料を前に、この課題は本書でもまだ十分に果たされていない。今後の楽しみである。

中国の名言に「天網恢恢、疎而不失」（天網恢恢《てんもうかいかい》、疎にして失わず）というのがある。天道、すなわち自然の理法は厳正公平で悪人を取り逃がすことはないということを言った言葉である。福島県立図書館の書庫で、参謀本部の日清戦史草案を読みながら、朝鮮王宮占領ついて、今まで知られなかった記録に出会ったとき、私はしみじみこの言葉を思い返した。

と同時に、目的意識的な調査なしに、新しい史料の発見もあり得ないことを改めて知った。近ごろ、新しい史料を発掘し、隠された事実を明らかにする作業を、没主体的、無方法、無理論に基づく、まるで「歴史家の逃避」でもあるかのように言う議論が一部の歴史家に見られる。しかし、隠された地底から新しい鉱脈を発見する仕事は歴史家の逃避か。

隠された鉱脈から何を探しだすか、歴史感覚を研ぎ澄まし、新しい鉱脈を発見する仕事は、われわれの前に数多く提起されているのではないか。特に事実を隠し、歴史をゆがめてきた日本の近代をふりかえり、日本国民の立場で考えなおしたとき、またアジアの諸民族の視点から考察するとき、歴史家の果たさなければならない課題は、なおいっぱいあると私には思える。

それを一つひとつ明らかにし、日本国民の「常識」とするような研究がいま望まれている。歴史家、特に若い歴史研究者の積極的な活躍を期待したい。

本書は、いままで雑誌などに発表してきた朝鮮王宮占領をめぐる諸論文をもとに、一冊の本にまとめるため、新たに全部書き下ろしたものである。

研究成果を利用させていただいた皆さん、福島県立図書館・外交史料館・防衛庁防衛研究所図書館の職員の皆さんに心からお礼申し上げる。

景福宮の近影を提供してくださったカメラマンの福井理文さん、また奈良女子大学勤務の当時から変わらぬご支援をいただいた金文子さんには、今回もなにかとお世話になった。あわせて感謝申し上げる。

本書を出版することができたのは、長年の友人である高文研の梅田正己さんのおかげである。深く感謝する。

一九九七年十月十八日

中塚　明

中塚　明（なかつか・あきら）
1929年、大阪府に生まれる。奈良女子大学名誉教授。日本近代史、とくに近代日本における朝鮮問題の重要性に注目、日清戦争をはじめ日朝関係史を中心に研究をすすめてきた。
著書：『日清戦争の研究』（青木書店）『近代日本と朝鮮』（三省堂）『「蹇蹇録」の世界』（みすず書房）『近代日本の朝鮮認識』（研文出版）『歴史家の仕事』『これだけは知っておきたい日本と韓国・朝鮮の歴史』『現代日本の歴史認識』『司馬遼太郎の歴史観』（以上、高文研）
共著書『ＮＨＫドラマ「坂の上の雲」の歴史認識を問う』『東学農民戦争と日本』（高文研）

歴史の偽造をただす

●一九九七年一一月二〇日――第一刷発行
●一九九八年 二 月一五日――第二刷発行
［オンデマンド版］
●二〇一三年 七 月 一 日――第一刷発行

著　者／**中塚　明**

発行所／株式会社 **高文研**
東京都千代田区猿楽町二―一―八
三恵ビル（〒一〇一―〇〇六四）
電話０３＝３２９５＝３４１５
http://www.koubunken.co.jp

印刷・製本／デジタルパブリッシングサービス

✣万一、乱丁・落丁があったときは、送料当方負担でお取りかえいたします。

ISBN978-4-87498-520-5　C0021